英語
定型表現の
科学

中田達也 著

研究社

Copyright © 2024 by Tatsuya Nakata

英語定型表現の科学

PRINTED IN JAPAN

目次
contents

はじめに｜First and foremost
7
- 言語に対する2つの見方 7
- なぜこんなにも多くの定型表現を使うのか？ 12
- 定型表現を使うことは「言語の制服化」 13
- 英語力アップの「特効薬」!? 14

1｜定型表現を学ぶことの利点（と欠点）
15
- （1）言語使用の正確性が上がる 15
- （2）言語使用の流暢性（＝スピード）が上がる 22
- （3）単語の正確な理解を可能にする 33
- （4）言語を使って様々な機能を遂行できるようになる 40
- 母語話者だけでなく、学習者も定型表現を使うべきか？ 42
- 定型表現を学ぶことのデメリット1：
  実力を過大評価されてしまう 45
- 定型表現を学ぶことのデメリット2：
  英語の映画やテレビ番組が楽しめなくなる？ 46
- 定型表現を学ぶことのデメリット3：
  自分の頭で考えなくなる？ 47
- **コラム** 英語の「母語話者」とは？ 50

2｜定型表現の代名詞、比喩的イディオム
57
- 比喩的イディオムとは何か 57
- どこまで習熟すべきか？ 60
- 比喩的イディオムの学習法①：由来を理解する 62
- 比喩的イディオムの学習法②：視覚的に理解する 66
- 比喩的イディオムの学習法③：カテゴリー別に覚える 67
- 比喩的イディオムの学習法④：英語の発想を理解する 70
- **コラム** 定型表現を創造的に使用する 72

3

■ 目次

3 | 比喩的イディオムとは似て非なるコロケーション …… 76

- コロケーションとは何か ……………………………… 76
- 日本語から直訳できないコロケーション ……………… 84
- コロケーションの学習法 ……………………………… 86
- コロケーション学習に役立つウェブサイト …………… 92
- **コラム** 直訳できるからといって簡単とは限らない …… 95

4 | もう一つのイディオム、コアイディオムとは？ ……… 102

- コアイディオムとは何か ……………………………… 102

5 | 二項表現 ―「白黒映画」か「黒白映画」か？― …… 106

- 二項表現とは何か ……………………………………… 106
- 二項表現の順番はどう決まる？ ……………………… 107
- 適切な順番を調べる方法 ……………………………… 112
- 二項表現の学習法 ……………………………………… 114
- 時代とともに変化する二項表現 ……………………… 116
- **コラム** 「パパママ」か「ママパパ」か？ …………… 118

6 | 複合語 ―「黒い板」と「黒板」― ………………… 121

- 複合語とは何か ………………………………………… 121
- 複合語か否かを判断 …………………………………… 122
- 複合語の様々な種類 …………………………………… 124
- 複合語の学習法 ………………………………………… 127
- 複合語の時代変化を調べる …………………………… 131
- **コラム** 紙の辞書か、電子辞書か？ ………………… 134

7 | おなじみの動詞が意外な意味になる句動詞 ……… 137

- 句動詞とは何か ………………………………………… 137
- 難しい三つの理由 ……………………………………… 139
- どこまで習熟すべきか？ ……………………………… 142

4

■ 句動詞の学習法①：動詞を起点に攻略する ······· *144*
■ 句動詞の学習法②：不変化詞を起点に攻略する ······· *145*
■ 句動詞の学習法③：複数の意味を攻略する ······· *146*
■ 句動詞学習に役立つ教材①：インターネット上の無料教材を活用 ······· *147*
■ 句動詞学習に役立つ教材②：市販の教材を活用 ······· *148*

8 | 文の骨組みとなる構文 ······· *150*

■ 構文とは何か ······· *150*
■ 様々に応用できる way 構文 ······· *150*
■ ユニークな Is the Pope Catholic? 構文 ······· *153*
■ 他にもある様々な構文 ······· *155*

9 | 人生の教訓を伝えることわざ ······· *161*

■ 比喩的イディオムとの違い ······· *161*
■ 3つの種類 ······· *162*
■ ことわざの学習法 ······· *163*
■ ことわざ学習に役立つ教材 ······· *165*
コラム ことわざの使い方が独特すぎて逮捕された犯罪者がいる!? ······· *166*

10 | 「名詞 of 名詞」のパターンをとる定型表現 ······· *169*

■ 可算名詞 of 不可算名詞のパターン ······· *169*
■ 動物の群れを表す定型表現 ······· *170*
■ 注意すべきその他のパターン ······· *171*

11 | スポーツや映画から生まれた modern idioms ······· *175*

■ Modern idioms とは何か ······· *175*
■ スポーツ由来の表現 ······· *175*
■ 映画由来の表現 ······· *176*
■ テレビ由来の表現 ······· *176*
■ インターネット由来の表現 ······· *177*
■ Modern idioms の学習法 ······· *178*

■ 目次

12 | その他の定型表現 181
- ■ ①文法的コロケーション 181
- ■ ②群前置詞 182
- ■ ③直喩表現 183
- ■ ④略語 183
- コラム テレビドラマで最も使われる定型表現は何か？ 187

13 | 定型表現に見られる地域差 190
- ■ なぜ地域差が見られるのか？ 190
- ■ 地域差が特に大きい比喩的イディオム 191
- ■ 地域差を調べる方法 191
- ■ 練習問題：地域差を調べる 192

14 | 定型表現の音声的特徴—音を繰り返してキャッチャーに— 198
- ■ 頭韻—語の頭に韻をふむ— 198
- ■ 脚韻—語の終わりを同じ音でそろえる— 201
- ■ 母音の繰り返し 202
- ■ 単語の繰り返し 203
- ■ 広く見られる音の繰り返し 205
- ■ なぜ音を繰り返すのか 206

15 | カタカナ英語を活用して定型表現を学ぶ 207
- ■ 和製英語にご用心 207
- ■ おすすめの教材 210
- コラム 「〜とは言わない」と教えることは効果的か？ 211

おわりに | Last but not least 214

本書は『朝日ウィークリー』（朝日新聞社）の第 2558 号（2023 年 4 月 2 日号）から第 2607 号（2024 年 3 月 31 日号）に掲載された「英語定型表現の豊かな世界」の連載記事を大幅加筆、修正の上、1 冊にまとめたものです。

はじめに First and foremost

> Custom calls me to't: What custom wills, in all things should we do't.
>
> （慣例だ、というのか？ なんでも慣例に従ってやらねばならぬというのか？）
>
> ウィリアム・シェイクスピア『コリオレーナス』（訳：小田島雄志、白水社）より。

■ 言語に対する2つの見方

　言語に関して、2つの見方があります。一つは「自由選択原理」
(open choice principle)、もう一つは「慣習選択原理」(idiom choice
principle) と呼ばれます[1]。自由選択原理によると、文法とは穴（スロット）
が空いた文の枠組みであり、そのスロットに様々な単語を入れて、我々は
文を生み出しています[2]。例えば、第5文型とは、「主語(S)」「述語動詞(V)」
「目的語（O）」「補語（C）」という4つの空所がある文の骨組です。こ
の空所に様々な単語を入れて肉づけすることで、

主語 S	述語動詞 V	目的語 O	補語 C
He	makes	me	happy.
The song	made	her	cry.
They	kept	us	waiting.

1　Sinclair, J. (1991). *Corpus, concordance, collocation*. Oxford University Press.

2　「自由選択原理」は、「辞書＋文法書モデル」(dictionary plus grammar book model)
や「空所・充当詞モデル」(slot-and-filler model) と言われることもあります。
テイラー・ジョン・R. (2017).『メンタル・コーパス―母語話者の頭の中には何があるのか』
くろしお出版（編訳：西村義樹・平沢慎也・長谷川明香・大堀壽夫）.

■ はじめに

など、無数の文を生み出すことができます。

　一方で、慣習選択原理とは、ある言語の話者は数十万もの定型表現（決まり文句）を知っており、それらをつなぎ合わせたり、一部を入れ替えたりして、多くの文を作り出しているという考え方です[3]。

　伝統的には、慣習選択原理よりも、自由選択原理の方が支配的な言語観でした。すなわち、言語の基盤となるのは文法と単語であり、比喩的イディオム（2章）やコロケーション（3章）などの定型表現は、言語使用のごく一部を占めるにすぎない、取るに足らないものだと考えられてきました。しかし、これまでの研究では、母語話者が話したり書いたりした言葉のうち、5割以上が定型表現から構成されることが示されています[4]。

　例えば、英語で求婚（プロポーズ）する際には、何と言えば良いでしょうか？　文法的には、以下のいずれも可能です。

(a)　Will you marry me?（私と結婚してくれますか？）

(b)　Do you wish to be wedded to me?
　　（あなたは私と結婚することを望みますか？）

(c)　Do you desire to become married to me?
　　（あなたは私と結婚することを希望しますか？）

(d)　Is marriage with me desired by you?
　　（私との結婚はあなたによって望まれていますか？）

3　Pawley, A., & Syder, F. H. (1983). Two puzzles for linguistic theory. In J. C. Richards & R. W. Schmidt (Eds.), *Language and communication* (pp. 191–226). Longman.

4　Altenberg, B. (1998). On the phraseology of spoken English: The evidence of recurrent word-combinations. In A. P. Cowie (Ed.), *Phraseology: Theory, analysis, and applications* (pp. 101–122). Oxford University Press.
Erman, B., & Warren, B. (2000). The idiom principle and the open choice principle. *Text, 20*, 29–62.

(e)　Is it your wish that you become married to me?
　　（私と結婚することはあなたの望みですか？）

(f)　Is your becoming my spouse what you want?
　　（あなたが私の配偶者になることが、あなたの望みですか？）

注）以下を元に作成。
Pawley, A., & Syder, F. H. (1983). Two puzzles for linguistic theory. In J. C. Richards & R. W. Schmidt (Eds.), *Language and communication* (pp. 191–226). Longman.

　(a) 〜 (f) の文章はいずれも文法的な誤りはありませんが、実際に使用されるのは (a) のみで、それ以外の文章が使われることはふつうありません。

　他にも、「文法的には正しいはずなのに、通常は使われない英文」は無数にあります。以下に例を示します。

一般的な表現	文法的には正しいが、通常は使われない表現
I had four uncles. （私には 4 人のおじがいました）	The brothers of my parents were four. （私の両親の兄弟は 4 人でした）
I'm so glad you could bring Harry! （君がハリーを連れて来ることができて、本当に嬉しいよ！）	I am in a glad state because you could bring Harry. （君がハリーを連れて来ることができて、私は嬉しい状態にあります）
It's half past six. （6 時 30 分です）	It exceeds six by a half. （6 時を 30 分超過しています）
John wants to marry Nelly. （ジョンはネリーと結婚したい）	What is desired by John is to wed Nelly. （ジョンに希望されていることは、ネリーと結婚することだ）

■ はじめに

Would you like some more coffee? （コーヒーのお代わりはいかがですか？）	Please may I give you another serving of coffee. （どうかあなたにコーヒーをもう1杯入れさせてください）
How do you know him? （どうして彼の事を知っているのですか？）	Why do you know him? （なぜ彼の事を知っているのですか？）
I heard that the king and queen will be visiting the city next week. （国王と王妃が来週この街を訪れると聞いた）	I heard that the queen and king will be visiting the city next week. （王妃と国王が来週この街を訪れると聞いた）
They were in abject poverty, but they seemed to make the best of their situation. （彼らは極度の貧困状態にあったが、不幸に負けていないようだった）	They were in total poverty, but they seemed to make the best of their situation. （彼らは完全な貧困状態にあったが、不幸に負けていないようだった）

注）以下などを元に作成。

Carrol, G., & Conklin, K. (2020). Is all formulaic language created equal? Unpacking the processing advantage for different types of formulaic sequences. *Language and Speech, 63*, 95–122.

Pawley, A., & Syder, F. H. (1983). Two puzzles for linguistic theory. In J. C. Richards & R. W. Schmidt (Eds.), *Language and communication* (pp. 191–226). Longman.

Taylor, J. R. (2012). *The mental corpus: How language is represented in the mind.* Oxford University Press.

　上の表からわかるとおり、英語の母語話者（および上級の学習者）は自由選択原理を常にフル活用して、文を産出しているわけではありません。その代わり、慣習選択原理に従い、I'm so glad you could ...（あなたが～できたので、本当に嬉しい）、It's X past Y.（Y時X分です）、want to ...（～したい）、Would you like ...?（～はいかがですか？）、How do you know ...?（どうして～の事を知っているのですか？）、king and queen

（国王と王妃）、abject poverty（極貧）等の定型表現をつなぎ合わせたり、一部を入れ替えたりして、文を作り出すことが多いのです。

「母語話者が話したり書いたりした言葉のうち、5割以上が定型表現から構成される」というのは、have butterflies in one's stomach（どきどきする）、throw ... under the bus（〜を犠牲にする、裏切る、窮地に追い込む）、burn the midnight oil（夜遅くまで勉強［仕事］する）、the elephant in the room（［みんな知っているが口にしない］重要な問題）のように、風変わりな慣用句ばかり使っているというわけではありません。先ほどの表の左側にあるような、一見何の変哲もないけれど、通常は他の言い方で代替しない表現が多いことを意味します。言い換えれば、「慣用的であるが、慣用句ではない」（idiomatic, but not "idioms"）表現が多くを占めているということです[5]。

2022年に公開されたAI（人工知能）システムChatGPT（https://chat.openai.com/chat）は、まるで人間と話しているかのような自然な応答ができるため、人々に多くの衝撃を与えました。ChatGPTに代表される生成AIは、言葉の意味を理解しているわけではないものの、ある語句の後にどのような表現が来ることが多いかを予測することで、文章を生成していると言います[6]。実際には意味を理解していなくても、あたかも人間のような自然な応答ができる生成AIは、我々がふだん使用している言語の多くが定型表現で占められていことの証左であり、慣習選択原理に基づく言語観を支持していると言えるでしょう。

5　Stubbs, M. (2015). Computer-assisted methods of analyzing textual and intertextual competence. In Tannen, D., Hamilton, H. E., & Schiffrin, D. (Eds.), *The handbook of discourse analysis* (pp. 486–504). Wiley.

6　岡野原大輔. (2023). 『大規模言語モデルは新たな知能か ChatGPTが変えた世界』岩波書店.
山中司（編）. (2024). 『AI・機械翻訳と英語学習　教育実践から見えてきた未来』 朝日出版社.

■ はじめに

なぜこんなにも多くの定型表現を使うのか？

英語の母語話者（および上級の学習者）は、なぜこんなにも多くの定型表現を使うのでしょうか？　その理由は、定型表現を使用することで、言語使用の正確性（accuracy）および流暢性（fluency）が上がるなどの利点があるからです。

(1) 言語使用の正確性が上がる

例えば、プロポーズする際に、Will you marry me?（結婚してくれますか？）という決まり文句を使わずに、Is it your wish that you become married to me?（私と結婚することはあなたの望みですか？）などの耳慣れない表現を使うと、理解してもらえなかったり、誤解されてしまったりする可能性があります。場面に応じた適切な定型表現を知ることで、メッセージを正確に伝えることができます。

定型表現の知識がないと、深刻な誤解を生むこともあります。例えば、ある日本の総理大臣が「記念写真を撮りましょう」という意味で、Let's take a memorial picture. と各国首脳に言ったところ、その場が凍りついてしまったそうです[7]。 memorial は「記念の」という意味の他に、「追悼の」という意味もあります。Memorial Day は「（米国の）戦没者追悼記念日」、war memorial は「戦没者記念碑」、memorial service は「追悼式」という意味です。ですから、Let's take a memorial picture. というと、「追悼するための写真を撮りましょう」というようなニュアンスになることがあります。

「記念写真」であれば commemorative [souvenir] photo、あるいは、集合写真という意味の group photo が適切です。Let's take a photo to remember this day. や Let's take a picture as a keepsake. などと表現しても良いでしょう。

7　鳥飼玖美子. (2017). 『話すための英語力』講談社.

commemorative photo や group photo などの定型表現を知らずに、memorial picture という自己流の表現を使うと、思わぬ誤解につながる可能性があります。メッセージを正確に伝えるうえで、定型表現に関する知識は不可欠です。

(2) 言語使用の流暢性（＝スピード）が上がる

　言語使用の「流暢性」とは、どのくらいのスピードで英語を理解・産出できるか、すなわちスピードを指します。文法ルールにのっとって単語を一つひとつ並べていると、「ここは冠詞がいるかな？　いらないかな？」「ここは take かな？　それとも make かな？」などと様々なことを考えながら話さなくてはいけないため、脳に負荷がかかり、スムーズに文を産出するのが難しくなります。一方で、定型表現としてすでに頭に入っているかたまりをつなぎ合わせれば、単語を一つひとつ並べて文をゼロから構築するよりも脳に負荷がかからないため、よどみなく流暢な発話が可能になります。

■ 定型表現を使うことは「言語の制服化」

　アップル社の CEO だった故スティーブ・ジョブズ氏は、毎日同じような服装をしていたと言われています。黒いタートルネックに青いジーンズが思い浮かぶ方も多いでしょう。ジョブズ氏は制服のように毎日同じ服を着ていたため、「私服の制服化」などと言われていました。私服を制服化することで、「今日は何の服を着ようか？」といった些事に思い悩んで消耗することなく、重要な仕事により多くのエネルギーを割くことが可能になったと言います。

　定型表現を使うことは、私服の制服化ならぬ、「言語の制服化」と言えるでしょう。つまり、

13

■ はじめに

- 「失うものは何もない」と言いたい時には、What have you got to lose? と言う
- 「良い第一印象を与えるのが重要である」と言いたい時には、You never get a second chance to make a first impression. と言う
- やましいことをしているのを目撃され、それをごまかしたい時には、It's not what it looks like. と言う

など、言語の制服をあらかじめ用意しておくことで、「主語は I かな？ それとも we かな？」「時制は現在かな？　過去かな？」などと余計なことを考えずにすむため、脳に負担をかけずに、スムーズに文を産出できます（＝流暢性が上がります）。

　定型表現を使用することの利点については、第1章でさらに詳しく解説します。

▌英語力アップの「特効薬」!?

　「英単語と英文法を地道に勉強してきたのに、英語力が伸び悩んでいる」という方は、定型表現の知識が英語力を伸ばす特効薬になるでしょう。

　「定型表現」と一口に言っても、比喩的イディオム、コロケーション、複合語、句動詞、構文など、様々な種類があります。本書では、定型表現の種類とそれぞれに適した学習法を紹介します。

　英語定型表現の豊かな世界に、本書とともに飛び出しましょう。

1 定型表現を学ぶことの利点（と欠点）

「はじめに」で述べた通り、母語話者の使用する言語の5割以上が定型表現であると見積もられています。なぜ母語話者はこれほどまでに定型表現に依存しているのでしょうか？

それは、定型表現を使うことには以下のような多くの利点があるからです。

---

1. 言語使用の正確性が上がる
2. 言語使用の流暢性（＝スピード）が上がる
3. 単語の正確な理解を可能にする
4. 言語を使って様々な機能を遂行できるようになる

■（1）言語使用の正確性が上がる

定型表現を使うことの一つ目の利点は、正確な言語使用が可能になることです。例えば、コーヒーのお代わりを勧める際に、Would you like some more coffee?（コーヒーのお代わりはいかがですか？）という決まり文句を使わずに、Please may I give you another serving of coffee.（どうかあなたにコーヒーをもう1杯入れさせてください）などの耳慣れない表現を使うと、理解してもらえなかったり、誤解されてしまったりする可能性があります。場面に応じた適切な定型表現を使うことで、メッセージを正確に伝えることができます。「記念写真を撮りましょう」という意味で、Let's take a memorial picture.（追悼するための写真を撮りましょう）と言ってしまい、その場を凍りかせてしまった某総理大臣の逸話からも、定型表現の知識が十分でないと、正確な意思疎通が困難になることがうかがえます。

15

■ 1. 定型表現を学ぶことの利点（と欠点）

　定型表現に関する知識は、英語で発信する際（＝アウトプット）だけでなく、読んだり聞いたりする際（＝インプット）にも役立ちます。例えば、以下の会話では、Tell me about it. という定型表現を知らなかったことが原因で、ある誤解が起きています。

A: I can't believe how complex English idioms can be.
Sometimes they make no sense at all!
（英語の慣用表現ってとても複雑だね。まったく意味がわからないこともある！）

B: Tell me about it.
（そのとおりだね）

A: Well, for example, yesterday I learned the phrase "raining cats and dogs." It's supposed to mean it's raining heavily, but why cats and dogs? Why not just say it's raining a lot?
（ええと、たとえば昨日、raining cats and dogs というフレーズを知ったんだ。大雨が降っているという意味なんだけど、どうして猫と犬なの？ふつうにたくさん雨が降っていると言えばいいのに）

B: Oh, no, I didn't mean you should explain it to me.
（いや、本当に説明してほしかったわけじゃなかったんだけど）

Tell me about it. は直訳すると「それについて私に教えてください」ですが、「そんなことは百も承知だ」「全くそのとおりだ」「それは信じられないね」「まさか」などの意味で使われるあいづち表現です。この表現を知らなかったAさんは、さらに詳しい説明が求められていると勘違いしてしまったようです。

　定型表現を含む英文を正しく解釈できるかどうか、挑戦してみましょう。網かけ部分の定型表現に注意して、以下の英文の意味を考えて下さい。

1. Looking for my lost phone in the park **turned out** to be a **wild goose chase**.

2. The flu finally **ran its course**, and I feel better now.

3. She mentioned she'd **take over** the company one day, but it was **tongue-in-cheek**.

4. **How did you find** the new Italian restaurant in town?

5. They called me a workaholic, but **look who's talking** – they work weekends too.

6. He says he forgot to email me again – **give me a break**!

7. You cooked this amazing meal yourself? **Get out of here!**

解答

1. Looking for my lost phone in the park **turned out** to be a **wild goose chase**.

【訳】公園で紛失した携帯電話を探したが、結局は無駄足だった。

【解説】turn out は「(物事が結局) …であることがわかる、判明する、(結局) …となる」などを意味する定型表現で、句動詞 (7 章を参照) に分類されます。また、wild goose chase は文字通りには「雁 (wild goose) の追跡」ですが、「当てのない探索、むだ足、骨折り損」という意味を持つ定型表現 (比喩的イディオム、2 章を参照) です。なお、村上春樹の小説、「羊をめぐる冒険」の英語タイトルは、a wild goose chase ならぬ A Wild Sheep Chase です。

2. The flu finally **ran its course**, and I feel better now.

17

■ 1. 定型表現を学ぶことの利点（と欠点）

【訳】インフルエンザはようやく治り、今は元気です。

【解説】run its course は「自然の経過［成り行き］をたどる、自然に終息する［収まる］」という意味の定型表現です。

---

3. She mentioned she'd **take over** the company one day, but it was **tongue-in-cheek**.

【訳】彼女はいつか会社を乗っ取ると言ったが、それは冗談だった。

【解説】take over は「～を引き継ぐ、～を持って［連れて］いく、～を支配する」などの意味がある句動詞（7 章を参照）です。また、tongue-in-cheek は「本心からではない、からかい半分の、皮肉をこめた」という意味の定型表現（比喩的イディオム）です。元々は put your tongue in your cheek（頬に舌を入れる）という形であり、頬に舌を入れることが軽蔑のしぐさであったことに由来します（*Oxford Dictionary of Idioms*）。

---

4. **How did you find** the new Italian restaurant in town?

【訳】街の新しいイタリアンレストランはどうだった？

【解説】How did you find ...? は「～をどうやって見つけましたか？」という文字通りの意味にもなりますが、「～をどう思いましたか？」と感想や意見を尋ねる時にも使われる定型表現です。How did you like ...? とほぼ同じ意味です。

---

5. They called me a workaholic, but **look who's talking** – they work weekends too.

【訳】彼らは私のことを仕事中毒と呼んだが、人のことは言えないよ。あの人たちだって、週末に働いてるから。

【解説】Look who's talking! は直訳すると「誰が話しているか見てごらん」ですが、「〜だって大きなこと［人のこと］は言えないよ、〜だって同じようなものさ」という意味の定型表現です。

---

6. He says he forgot to email me again – **give me a break!**

【訳】彼はまた私にメールするのを忘れたと言っている。勘弁してくれよ！
【解説】Give me a break! は「私に休みをください」が文字通りの意味ですが、「やめて［かんべんして］くれ、もうたくさんだ、うそも休み休み言え」という意味の定型表現です。

---

7. You cooked this amazing meal yourself? **Get out of here!**

【訳】こんな素晴らしい料理を自分で作ったの？まさか！
【解説】Get out of here! は直訳すると「ここから出て行け」ですが、「そんなばかな、まさか、冗談でしょう」などの意味がある定型表現です。

　1 は turn out と wild goose chase、2 は run its course、3 は take over と tongue-in-cheek、4 は How did you find ...?、5 は Look who's talking!、6 は Give me a break!、7 は Get out of here! などの定型表現を知らないと、正確に解釈するのは難しいでしょう。英語をアウトプットする（＝話したり書いたりする）時だけではなく、インプットする（＝読んだり聞いたりする）時にも、定型表現の知識は重要な役割を果たします。

　AI の進歩に伴い、機械翻訳は近年めざましく発達しています。しかし、機械翻訳ではうまく翻訳できない定型表現もまだ珍しくありません。例えば、1つ目の文章を機械翻訳ソフトウェアで和訳したところ、「公園でなくした携帯電話を探すのは、ガチョウの追跡だった」「公園で紛失した携帯電話を探すのは、結局、野生のガチョウを追いかけることになった」な

■ 1. 定型表現を学ぶことの利点（と欠点）

どと翻訳されてしまいました。

その他、文字通りに解釈すると誤解につながりかねない定型表現の例を以下に示します。

定型表現	文字通りの意味	定型表現としての意味
I'll bite.	私が噛みます	（その話を）聞かせて、教えてよ
Bite me!	私を噛め！	《米俗》うるせえ、ひっこんでろ！
You can say that again.	あなたはもう1回それを言って良い	まったくそのとおりだ、同感だ
Talk about ...	～について話して	～とはまさにこのことだ、～とはとんでもない
Sounds like a plan.	ある計画のように聞こえる	いい考えだね、賛成
What's cooking?	何が調理されていますか？	何が起きてるの？
What's shaking?	何が揺れていますか？	《米俗》一体どうなっているの？
Fat chance.	太った機会	その見込みはない、絶対に無理
you know	あなたは知っています	ねぇ、ほら、えー、あのー
For the love of God.	神の愛のために	お願いだから；えっ、何だって
What are the odds?	どれくらいの確率ですか？	すごい偶然！

前ページ（20ページ）の表に示した定型表現は、字義通りに解釈すると誤解につながってしまうかもしれません。一方で、あえて文字通りに解釈することで、ユーモラスな効果が生まれることもあります。

シチュエーションコメディ（sitcom：連続コメディ番組）の The Big Bang Theory では、What are the odds? にまつわる以下のような会話があります（シーズン3エピソード3）。

Penny: Okay, so Kim, the night manager, went on maternity leave, and her husband's name is Sandy, right? So get this, her replacement is a woman named Sandy whose husband's name is Kim.

（あのね、夜間責任者のキムが産休に入って、彼女の旦那さんの名前がサンディなの。で、聞いてよ、彼女の代わりに来たのがサンディという女性で、その旦那さんの名前がキムなの）

Leonard: Wow!

（わあ！）

Penny: I know. What are the odds?

（でしょ。すごい偶然！［＝どんな確率よ？］）

Sheldon: Easily calculable. We begin by identifying the set of married couples with unisex names. We then eliminate those unqualified for restaurant work: the aged, the imprisoned and the limbless, for example. Next we look at-

（簡単に計算できるよ。まず、ジェンダーレスな名前を持つ既婚者ペアを特定することから始めるんだ。次に、レストランの仕事にそぐわない人々を除外する。例えば、高齢者、刑務所に入っている人、手足のない人とか。そして、それから……）

Leonard: Sheldon! It's an amazing coincidence, can we leave it at that?

■ 1. 定型表現を学ぶことの利点（と欠点）

> （シェルドン！すごい偶然だよ。それでいいじゃない？）

What are the odds? は文字通りには「どれくらいの確率ですか？、〜の見込みはどのくらいですか？」ですが、ここでは「すごい偶然！」という意味で使われています。

きまじめなシェルドンはこれを「どれくらいの確率？」と文字通りに解釈し、その確率を実際に計算しようとしたため、笑いを誘う場面になっています。

■ (2) 言語使用の流暢性（＝スピード）が上がる

定型表現を使うことの二つ目の利点は、流暢な言語使用が可能になることです。「はじめに」でも述べたとおり、文法ルールにのっとって単語を一つひとつ並べていると、「ここは単数形かな？　複数形かな？」「ここはdo かな？　それとも make かな？」などと様々なことを考えながら話さなくてはいけないため、脳に負荷がかかり、文をスムーズに産出するのが難しくなります。一方で、すでに定型表現として頭に入っているかたまりをつなぎ合わせれば、単語を一つひとつ並べて文をゼロから構築するよりも脳に負荷がかかりません。結果的に、よどみなく流暢な発話が可能になります。

言語処理に関して、Computing memory is expensive, but long-term memory is cheap.（演算処理に関する記憶は高くつくが、長期記憶は安い＝脳に負担がかからない）[1]と指摘されることがあります。文法ルールにのっとって単語を一つひとつ並べて文を産出する（＝演算処理）のではなく、定型表現をそのまま記憶から取り出す（＝長期記憶）ことは、脳の性

1　Fodor, J. (1975). *The language of thought*. Harvester Press.
和訳は以下より。
テイラー・ジョン・R.（2017）.『メンタル・コーパス—母語話者の頭の中には何があるのか』
くろしお出版（編訳：西村義樹・平沢慎也・長谷川明香・大堀壽夫）.

質から見ても理にかなっているのでしょう。

◆リーディング（読解）のスピードが上がる

　定型表現を知ることで、言語を産出する際だけでなく、理解する際の流暢性（＝スピード）も上がります。例えば、

(A) Investing all her savings in such a volatile market was like playing with fire.

（そのような不安定な市場に彼女の貯蓄をすべて投資することは、火遊びをしているようなものだった）

(B) The children were so quiet in their room, completely absorbed in playing with dolls.

（子どもたちは部屋でとても静かで、人形遊びに夢中だった）

という2つの文を読解する際には、(A) 文の playing with fire の方が (B) 文の playing with dolls よりも速く処理されることが研究で示唆されています[2]。(A) 文の play with fire は文字通りには「火で遊ぶ」ですが、「危険な事に手を出す」という意味を持つ定型表現（比喩的イディオム、2章を参照）です。

　一方で、(B) 文の play with dolls は「人形で遊ぶ」という意味の字義的な（＝文字通りの意味を持つ）フレーズで、定型表現ではありません。(A) 文では、前後の文脈をもとに「playing with ＿＿＿ ときたら、次は fire が来るだろう」と母語話者は瞬時に予測し、fire は非常に速く処理されます（場合によっては、完全に読み飛ばされることもあります）。一方で、(B) 文では、「playing with の後に来るのは toys? games? blocks?（おも

2　Carrol, G., & Conklin, K. (2020). Is all formulaic language created equal? Unpacking the processing advantage for different types of formulaic sequences. *Language and Speech, 63*, 95–122.

ちゃ？ゲーム？積み木？）」と様々な可能性が排除できないため、一字一句に注意を払う必要があります。そのため、playing with fire（A 文）の方が playing with dolls（B 文）よりも短時間で処理されます。

　このように、定型表現を知ることで、一字一句に注意を払わなくても相手の意図が読み取れるため、省エネになります。言語の制服を知ることで、言語を産出する（＝アウトプット）時のみならず、理解する（＝インプット）際のスピードも向上するわけです。

◆より速く処理されるのはどちら？

　以下のフレーズのペアのうち、どちらの方が速く処理されるでしょうか？　考えてみましょう。

	A	B
1	tell the truth（真実を言う）	tell the price（値段を教える）
2	serious injury（重傷）	serious outcome（深刻な結果）
3	tighten one's belt （出費を抑える）	change one's belt （ベルトを変える）
4	rock the boat （問題を起こす）	rock the table （テーブルを揺らす）
5	food and drink（飲食物）	drink and food（飲食物）
6	Out of sight, out of mind. （去る者は日々に疎し）	Out of sight, out of brain. （目にしないのであれば、脳から消える）

注） 以下などを元に作成。

Carrol, G., & Conklin, K. (2020). Is all formulaic language created equal? Unpacking the processing advantage for different types of formulaic sequences. *Language and Speech, 63*, 95–122.

Siyanova-Chanturia, A. & Pellicer-Sánchez, A. (Eds.). (2018). *Understanding formulaic language: A second language acquisition perspective.* Routledge.

【解説】

いずれのペアでも、A が B よりも速く処理される傾向があります。

1. tell the truth は「真実を言う」という意味の定型表現（コロケーション、3 章を参照）です。一方で、tell the price は「値段を教える」という字義通りのフレーズです。そのため、tell the truth の方がより速く処理されます。なお、日本語では「電話番号を教えてください」や「名前を教えてください」と言いますが、英語では teach ではなく、tell me your (phone) number や tell me your name のように tell を使います。

2. serious injury は「重傷」という意味の定型表現（コロケーション）です。一方で、serious outcome は「深刻な結果」という字義通りのフレーズです。serious と injury の結びつきの方が、serious と outcome の結びつきよりも強いため、serious injury の方がより速く処理されます。

3. tighten one's belt は「ベルトを締める」が文字通りの意味ですが、「出費を抑える、倹約する」という比喩的な意味も持つ定型表現（比喩的イディオム、2 章を参照）です。一方で、change one's belt は「ベルトを変える」という文字通りの意味で、定型表現ではありません。そのため、tighten one's belt の方がより速く処理されます。

4. rock the boat は文字通りには「ボートを揺らす」ですが、「問題を起こす、波風をたてる」という比喩的な意味も持つ定型表現（比喩的イディオム）です。一方で、rock the table は定型表現ではなく、「テーブルを揺らす」という字義通りのフレーズです。そのため、rock the boat の方がより速く処理されます。

5. food and drink と drink and food はいずれも「飲食物、食事」を意味しますが、前者の方がより一般的な定型表現（二項表現、5 章を参照）です。そのため、food and drink の方がより速く処理されます。日本語では「飲食」と飲み物が先に来ますが、英語では food and drink（食飲）と食べ物が先に来るのが興味深いですね。

6. Out of sight, out of mind. は「目にしないので［なくなれば］忘れて

しまう」という意味で、日本語の「去る者は日々に疎し」に相当することわざ（9章を参照）です。一方で、Out of sight, out of brain. は一般的な定型表現ではありません。そのため、Out of sight, out of mind. の方がより速く処理されます。

◆ リスニングのスピードも上がる

定型表現に関する知識は、読解（リーディング）だけでなく、聴解（リスニング）の際にも役立ちます。「ゆっくり話してくれれば理解できるけれど、映画やニュースなど自然な発話についていくのは難しい」という方も多いでしょう。英語の聞き取りが難しい要因の1つが、そのスピードです。英語の母語話者が自然に発話する際には、毎分 150 語程度のペースで話しているといいます。これを聞き取るためには、1秒あたり 2.5 語のペース（150 / 60 = 2.5）で単語を理解することが求められます[3]。

自然なスピードの発話を聞き取る際に鍵を握るのも、定型表現に関する知識です。定型表現のストックを脳内にたくさん貯蔵していれば、最後まで聞かなくても、話し手が何を言おうとしているのか予測できます。日本語でも、「万障お繰り合わせの上」ときたら「ぜひご参加ください」、「奈落の底に」ときたら「突き落とす」、「当選者の発表は」ときたら「商品の発送をもって代えさせていただきます」が予測できるのと同じです。

英語の例を考えてみましょう。例えば、We're throwing a party at my place this Sunday. Would you like to come?（今度の日曜日にパーティーを開くんだ。来るかい？）と言って、友人をパーティーに誘ったとします。それに対して、友人が I wish I could, but I have an early morning meeting the next day, so I better not.（できれば行きたいけど、次の日朝早くから会議があるから、やめておくよ）と答えたとします。この場合、返答を最後まで聞かなくても、冒頭の I wish が聞こえた時点で、

3　門田修平 . (2018).『外国語を話せるようになるしくみ シャドーイングが言語習得を促進するメカニズム』SB クリエイティブ .

友人はパーティーに来ないだろうと推測できます。I wish I could, but ... は、勧誘や提案を断る際に使われる定型表現だからです。

　他にも例を見てみましょう。以下の空所を埋めて、文章を完成させてください。

1. It's easier said than _____.
2. Better late than _____.
3. You can't judge a book by its _____.
4. In the current market, housing prices are likely to remain high for the foreseeable _____.
5. With his vast experience and skill, his victory was a foregone _____.
6. Her sentence was reduced from five years to three due to extenuating _____.
7. In this class, making mistakes is encouraged, rather than frowned _____.
8. Thank you for coming on such short _____.
9. The company delayed its product launch to first see which way the wind was _____.
10. The unfair decision of the referee left a bad taste in the player's _____.
11. They managed to avert the crisis at the eleventh _____.
12. Sometimes the end justifies the _____.
13. It's not what he said, it's the way that he said _____.
14. Speak now, or forever hold your _____.
15. If you have nothing nice to say, say nothing at _____.
16. It's not the worst, but it's not the _____.

■ 1. 定型表現を学ぶことの利点（と欠点）

注）Siyanova-Chanturia, A., & Martinez, R. (2015). The idiom principle revisited. *Applied Linguistics, 36*, 549–569. などを元に作成。

解答例を以下に示します。

解答

1. It's easier said than **done**.

【訳】行なうよりも、言う方がやさしい。

＊「言うは易く行うは難し」に相当する定型表現（ことわざ、9章を参照）。

2. Better late than **never.**

【訳】遅くともないよりはマシだ。

＊ 類似した構造のことわざとしては、Better safe than sorry.（後で後悔するよりは、時間がかかっても慎重にした方が良い→転ばぬ先の杖）がある。

3. You can't judge a book by its **cover.**

【訳】本を表紙で判断してはいけない。

＊「物事を見かけで判断してはいけない」という意味のことわざ。

4. In the current market, housing prices are likely to remain high for the foreseeable **future.**

【訳】現在の市場では、住宅価格は当面高いままだろう。

＊ for the foreseeable future は「当分（は）」という意味の定型表現。

5. With his vast experience and skill, his victory was a foregone **conclusion.**

【訳】豊富な経験と技術をもってすれば、彼の勝利は当然の結果だった。

＊ foregone conclusion は「初めからわかりきっている結論、目に見えている結果」という意味で、ウィリアム・シェイクスピアの戯曲「オセロ」でも使われていた定型表現。

6. Her sentence was reduced from five years to three due to

extenuating **circumstances.**

【訳】情状酌量により、彼女は5年から3年に減刑された。

＊extenuating circumstances は「酌量すべき情状」という意味の定型表現（コロケーション、3章を参照）。なお、この文の sentence は、「文」ではなく「判決、刑」を指す。

7. In this class, making mistakes is encouraged, rather than frowned **upon.**

【訳】この授業では、間違いを犯すことは眉をひそめられるどころか、むしろ奨励される。

＊frown upon [on] は「～に対して渋い顔をする、～に難色を示す」という意味の定型表現。

8. Thank you for coming on such short **notice.**

【訳】急な呼び出しにもかかわらず、お越しいただきありがとうございます。

＊on short [a moment's] notice は「（知らされて）すぐに」という意味の定型表現。

9. The company delayed its product launch to first see which way the wind was **blowing.**

【訳】まず風向きを見るために、その会社は製品発表を遅らせた。

＊see which way the wind is blowing は「風向きを見る、（世間の）情勢がどの方向に動いているかを判断する」という意味の定型表現（比喩的イディオム、2章を参照）。

10. The unfair decision of the referee left a bad taste in the player's **mouth.**

【訳】審判の不公平な判定は、その選手に後味の悪さを残した。

＊leave a bad taste in one's mouth は「～にとって悪い印象を残す」という意味の比喩的イディオム。

11. They managed to avert the crisis at the eleventh **hour.**

29

【訳】彼らはなんとか土壇場で危機を回避した。

＊ at the eleventh hour は「終わり間際に、きわどい時に」という意味の比喩的イディオム。新約聖書に由来する。

12. Sometimes the end justifies the **means.**

【訳】目的が手段を正当化することもある。

＊ The end justifies the means. は「うそも方便」に相当することわざ。

13. It's not what he said, it's the way that he said **it.**

【訳】彼が言った内容ではなく、言い方なんだ。

＊「話の内容はもっともだが、言い方が良くなかった」という意味。what（話の内容）と way（言い方）を対比しているため、論理的に考えると It's not **what** he said, it's the **way** that he said it. のように what と way を際立たせて発音すべきである。しかし、実際には It's **not** what he ↗↘ **said**, it's the **way** that he ↘ **said** it. のように繰り返される said を際立たせて発音する[4]。このように、定型表現の中には理屈では説明できない音声上の特徴を持ったものがある。

14. Speak now, or forever hold your **peace.**

【訳】言う（異を唱える）なら今だ。

＊結婚式の式文より。

15. If you have nothing nice to say, say nothing at **all.**

【訳】思いやりのあることが言えないのなら、何も言うな。

＊ディズニー映画「バンビ」の If you can't say something nice, don't say nothing at all. というセリフで広く知られるようになった表現。

16. It's not the worst, but it's not the **best.**

【訳】最悪ではないが、最高でもない。

＊料理番組の審査員などが口にするセリフ。

----

4 Wells, J. C. (2006). *English intonation: An introduction.* Cambridge University Press.

1～16 の英文で網かけした部分は、定型表現です。多くの定型表現を脳内に蓄えておけば、話者が何を伝えようとしているのかを高い精度で予測できます。その結果、一つひとつの単語を注意深く聞き取らずとも、1秒あたり 2.5 語という自然な発話のスピードに着いていくことが可能になります。

　場合によっては複数の表現があり、1つに絞り切れないこともあります。例えば、to make a long story ... の後には、short が来る場合がほとんどです。to make a long story short は「長い話を短くすると」が文字通りの意味ですが、「要するに、かいつまんで言うと」という意味の定型表現です。同時に、Corpus of Contemporary American English（COCA; https://www.english-corpora.org/coca/）などのコーパスで調べると、to make a long story longer（長い話をもっと長くすると）、to make a long story even longer（長い話をさらに長くすると）、to make a long story somewhat shorter（長い話をいくぶん短くすると）などの用例も、数は少ないものの見つかります[5]。

フレーズ	使用頻度
to make a long story short	251
to make a long story even	3
to make a long story shorter	3
to make a long story sickening	2
to make a long story long	2
to make a long story sort	1

5　コーパス（corpus）とは、何らかの目的のために体系的に収集された電子テキストを指します。本文中で紹介している COCA は、現代のアメリカ英語における書き言葉（例：小説・新聞・雑誌・Web サイト）や話し言葉（例：TV 番組・映画）から作成されました。

■ 1. 定型表現を学ぶことの利点（と欠点）

to make a long story somewhat	1
to make a long story short(er)	1
to make a long story longer	1
to make a long story bearable	1
to make a long story a	1

　現実のコミュニケーションにおいては、相手の予測をあえて裏切ることで、劇的な効果を狙うこともあります。例えば、Britain's Got Talent（お笑い芸人のとにかく明るい安村氏が出場したことで話題になりました）などのオーディション番組や、My Kitchen Rules などの料理番組では、審査員が以下のように発言することがあります。

　It's not good news ... It's GREAT news.
　（良い知らせではありません……。素晴らしい知らせです）
　It's not great news ... It's FANTASTIC news.
　（素晴らしい知らせではありません……。最高の知らせです）
　I don't like it ... I LOVE it.
　（好きではありません……。大好きです）

まず It's not good news. や I don't like it. と切り出して、出場者のパフォーマンスを酷評するかと思わせます。みのもんたを彷彿とさせる数秒間のタメの後、It's GREAT news. や I LOVE it. と続けて、その予測を見事に裏切り、出場者に最大限の賛辞を送るという高度なテクニックです。

　to make a long story ... や It's not good news. の例からわかる通り、予測通りの内容が続くとは限りません。同時に、どのような内容が来るかまったく見当がつかない状態で漫然と聞くのではなく、能動的に予測しながら耳を傾けることで、聞き取りは格段と楽になるでしょう。

32

■（3）単語の正確な理解を可能にする

　定型表現を学ぶことの三つ目の利点は、単語の正確な理解が可能になることです。例えば、hit, bump, collide, smash, strike の違いは何でしょうか？　辞書で引くと以下のような訳語が掲載されています（動詞としての用法に限定しています）。

	訳語の例
hit	～を打つ、～をぶつける、ぶつかる
bump	～にドンと打ち当たる、衝突する
collide	衝突する
smash	～をぶつける、衝突する
strike	～を打つ、（～に）衝突する

いずれも衝突に関する動詞であることはわかるものの、明確な違いが明らかではありません。しかし、それぞれの単語がどのような定型表現で使われるかを調べることで、意味の違いが浮き彫りになることがあります。例えば、上の5つの動詞は、それぞれ以下のような単語とともに使われることが多いと指摘されています（ここでは過去形に限定しています）。

	一緒に使われることが多い単語
hit	areas, badly, bottom, car, earthquake, flooding, hard, hardest, jackpot, recession, sales, six, target
bump	accidentally, car, head, lurched, stumbled
collide	aircraft, car, jet, lorry, mid-air, plane, ship, tanker, train, trawler, vehicle

■ 1. 定型表現を学ぶことの利点（と欠点）

| smash | bottles, broken, bullet, car(s), glass(es), looted, police, windscreen, window(s) |
| strike | blow, disaster, earthquake, lightning, tragedy |

注） 以下より抜粋。
Stubbs, M. (2002). *Words and phrases: Corpus studies of lexical semantics.* Blackwell.

上の表から、それぞれの単語について、以下のような傾向が指摘できるでしょう。

	説明
hit	「たたく」を意味する最も一般的な語である。文字通りの意味で使われることに加えて、hit rock bottom（最悪の状況になる、最安値を記録する）、hit for six（～を打ち負かす、論破する；クリケットに由来する表現）など、比喩的な用法や慣用表現も多い。
bump	accidentally（うっかりと）、lurched（よろめいた）など、「不器用さ」を暗示することが多い。
collide	aircraft（飛行機）、lorry（《英》トラック）、船（ship）、電車（train）など、大型の乗り物が衝突する際に用いられることが多い。
smash	犯罪や暴力を暗示することが多い。
strike	disaster（災害）、earthquake（地震）、lightning（雷）など、自然災害に関して使用されることが多い。

注） 以下を元に作成。
Stubbs, M. (2002). *Words and phrases: Corpus studies of lexical semantics.* Blackwell.

hit, bump, collide, smash, strike など、共通点が多く紛らわしい単語に

関して、どのような定型表現で用いられるかを知ることで、それぞれの単語の輪郭が明らかになることがあります。

単語学習における定型表現の重要性を指す言葉として、"You shall know a word by the company it keeps!" があります[6]。これは、"One may know someone by the company he keeps"（どのような人と交わるかによって、その人のことがわかる）という格言をもじったものです。すなわち、「ある単語がどのような単語と一緒に使われることが多いかを理解することで、その単語のことがわかる」という意味です。この言葉が示す通り、定型表現について知ることは、単語自体について知ることでもあります。

◆ クランベリー語が示す定型表現の重要性

「クランベリー語」（cranberry words）と呼ばれる一部の単語は、単語習得における定型表現の重要性を示しています。クランベリー語とは、特定の定型表現以外ではほとんど使用されない単語のことです。例えば、cahoots という単語は、in cahoots (with)「（〜と）ぐるになって、共謀して」という定型表現以外では通常使われません[7]。日本語でも、「霹靂」は「突然聞こえてくる雷」という意味ですが、現代では「青天の霹靂」という定型表現で使用される場合がほとんどでしょう。そのため、「霹靂」もクランベリー語の例といえます。その他、「沽券にかかわる」の「沽券」、「俎上に載せる」の「俎上」、「枚挙に暇がない」の「枚挙」も、多くの日本語話者にとってクランベリー語と言えるでしょう。

----

6 Firth, J. R. (1957). A synopsis of linguistic theory 1930-55. *Studies in Linguistic Analysis* (pp. 1–32). Basil Blackwell.

7 cranberry に含まれる形態素（morpheme）である cran- は、cranberry という単語のみに生じ、他の単語では使われることがないため、「クランベリー語」と呼ばれています（一方で、blackberry や dogberry に含まれる black や dog は、それら単独で使ったり、blackboard や doghouse のように他の単語と組み合わせたりして使うことができます）。Taylor, J. R. (2012). *The mental corpus: How language is represented in the mind.* Oxford University Press.

■ 1. 定型表現を学ぶことの利点（と欠点）

英語におけるクランベリー語の例を以下に示します。

クランベリー語	クランベリー語を含む定型表現	定型表現の意味
once-over	give ... the [a] <u>once-over</u>	〜にざっと目を通す［調べる］、〜をざっと掃除する
fell	at [in] one <u>fell</u> swoop	一挙に *この表現の fell は「残忍な、恐ろしい」という意味の形容詞で、動詞 fall（落ちる）の過去形である fell とは別の単語とみなされる。
loggerhead	at <u>loggerheads</u>	仲たがいして、言い争って
aback	be taken <u>aback</u>	不意を打たれる、あっけにとられる
spic(k)	<u>spic(k)</u> and span	真新しい
kith	<u>kith</u> and kin	知己と親類
dint	by <u>dint</u> of	〜の力で
wend	<u>wend</u> one's way	行く、進む * go の過去形 went は wend の過去形を転用したもの。

注）Taylor, J. R. (2003). *Cognitive grammar.* Oxford University Press. を元に作成。

　特定の定型表現のみで使用されるクランベリー語では、「定型表現を知ること」が「その単語について知ること」とほぼ同義です。言い換えれば、in cahoots (with), give ... the [a] once-over, at loggerheads などの定型表現を知らずして、cahoots, once-over, loggerhead という単語を知ることはできません。クランベリー語は、"You shall know a word by the company it keeps!" の最たる例と言えるでしょう。

◆ 定型表現を知ることは、その単語について知ること

　定型表現を知ることで、単語自体への理解が深まるということは、クランベリー語以外にもあてはまります。例えば、call という語を知るためには、以下に示す call（およびその関連語）を含む様々な定型表現に関する知識が不可欠でしょう。

定型表現	意味
<u>call</u> off ...	〜を取り消す、中止する
<u>call</u> for ...	〜を求めて叫ぶ、〜を要求する
<u>call</u> on A to do	A に〜するよう依頼する、訴える、求める
what is <u>called</u>	いわゆる〜
<u>call</u> it a day [night]	今日（今夜）はここまでにする
<u>call</u> in [out] sick	病気で休むと電話する
<u>call</u> white black	白を黒と言いくるめる
too close to <u>call</u>	（接戦で）勝者を決めかねる
<u>called</u> game	コールドゲーム
<u>uncalled</u>-for	不必要な、（正当な）理由のない、いわれのない
make a house <u>call</u>	往診する
on <u>call</u>	（医者などが）待機して
wake-up <u>call</u>	モーニングコール、（人の目を覚まさせる）警告
toll-free <u>call</u>	フリーダイヤル
judgement <u>call</u>	恣意的な判定、個人的な判断、審判判定
roll <u>call</u>	出席調べ、点呼
<u>call</u> for papers	論文（研究発表）の募集

■ 1.定型表現を学ぶことの利点（と欠点）

(above and) beyond the <u>call</u> of duty	職務範囲を越えて
Give me a <u>call</u>.	電話してね
Good <u>call</u>!	すばらしい判断だ
It's not your <u>call</u> to make.	あなたが決めることではない

　その他、table や street といった基本語を理解する上でも、以下のような定型表現への理解が不可欠です。

定型表現	意味
sit down to [at] <u>table</u>	食卓につく
round <u>table</u>	円卓、円卓会議、会議の出席者
wait <u>tables</u>	（食堂で）給仕をする
<u>table</u> wine	食事用ワイン
time<u>table</u>	時刻表
under the <u>table</u>	ひそかに、こっそり、わいろとして、酔いつぶれて
turn the <u>tables</u>	形勢を逆転する
put [lay] ... on the <u>table</u>	〈議案など〉を棚上げする、審議延期にする
bring ... to the <u>table</u>	〈議案・企画など〉を議事にかける、進言する
off the <u>table</u>	議題から取り下げて、検討外で
put [lay] one's cards on the <u>table</u>	手の内を見せる、計画［意図］を明かす

38

定型表現	意味
the man [woman, person] on [in] the <u>street</u>	一般の人、普通の人
<u>street</u> children	ストリートチルドレン
<u>street</u> gang	不良グループ
<u>street</u> cred (= credibility)	都会の若者に受けること、先端性
<u>street</u> value	(特に麻薬などの) 末端価格
<u>street</u>-wise	街の事情に通じた、都会で賢く生き抜ける
<u>streets</u> ahead	《英略式》はるかに優れて (進んで) いて
hit the <u>street</u>	(広く) 出回る (ようになる)、買物に出かける
take to the <u>streets</u>	(抗議などのため) 街にくり出す
walk the <u>streets</u>	通りを歩き回る、《古風》売春をする

注) 以下を元に作成。
Stubbs, M. (2002). *Words and phrases: Corpus studies of lexical semantics.* Blackwell.

　定型表現を学習することで、英単語をより深く理解し、使いこなせるようになります。**Meaning is use.** (意味とは使用である)、つまり、文脈の中で使われて、単語は初めて意味を持つのです[8]。

8　Stubbs, M. (2002). *Words and phrases: Corpus studies of lexical semantics.* Blackwell.

■ 1. 定型表現を学ぶことの利点（と欠点）

■（4） 言語を使って様々な機能を遂行できるようになる

定型表現を使うことの四つ目の利点は、言語を使って様々な機能を遂行できるようになることです。定型表現の中には、「依頼する」「感謝する」「謝罪する」「助言する」など、特定の機能と結びついたものが多くあります。具体例を以下に示します。

機能	表現
依頼する	Would you mind -ing ...?（〜していただけませんか？）、Do you think you could possibly ...?（〜していただくことは可能でしょうか？）、I was wondering if you could possibly ...（よろしければ〜していただけませんでしょうか？）
感謝する	Thank you very much for ...（〜をどうもありがとうございます）、I am deeply grateful to you for ...（〜に関して深く感謝いたします）、I can never thank ... enough（〜には感謝しきれません）
謝罪する	I'm sorry that ...（〜してごめんなさい）、I want to apologize for ...（〜について謝りたくて）、I'm sorry that I didn't ...（〜しなくてごめんなさい）
助言する	If I were you, I'd ...（私なら〜するでしょう）、How about -ing ...?（〜してはどうですか？）、Why don't you ...?（〜してはどうですか？）、It might not be a bad idea to ...（〜するのも悪くないかもしれません）、It might be worth -ing ...（〜してみるのも良いかもしれません）

注） 以下を元に作成。
　中田達也. (2022).『英語は決まり文句が8割 今日から役立つ「定型表現」学習法』（講談社）.

特定の機能と結びついた定型表現を使うことで、効果的にメッセージが伝えられます。例えば、推薦状を書いてほしいと依頼する際には、どのような表現を使えば良いでしょうか？ Write me a letter of recommendation. でも意味は通じますが、かなりぶしつけな印象があり

40

ます。依頼を断られたり、あまり心がこもっていない推薦状になってしまうかもしれません。代わりに、丁寧な依頼を表す I was wondering if you could possibly write me a letter of recommendation. などの表現を使えば、依頼に応じてくれる可能性は格段に高まるはずです（なぜその人に書いて欲しいかという理由も添えるとさらに良いでしょう）。

　定型表現を適切に使うことで、効果的なコミュニケーションが可能になります。

◆適切な表現を調べる方法

　自分の意図を的確に伝える表現を探すには、どうしたら良いでしょうか？　一つの方法は、書籍で調べることです。例えば、『英文ビジネスＥメール大全』（ジャパンタイムズ出版）では、「アポイントメント」「問い合わせ・見積もり」「売り込み」「支払い」「クレーム」など、用途別に様々な定型表現が紹介されており、参考になります。例文の一部を入れ替えたり、つなぎ合わせたりする（「英作文」ならぬ「英借文」とも言われます）ことで、効果的にメッセージを伝えることができます。

◆AI に尋ねてみる

　もう一つの方法は、インターネットを利用することです。例えば、対話型の AI システム ChatGPT（https://chat.openai.com/）に、「仕事を休んで良いか上司に尋ねる際に使える英語表現を 5 個教えてください」と尋ねたところ、以下の返答が返ってきました。

Is it okay if I take some time off next week?

Is it possible for me to take a day off?

Would it be possible to take a day off?

Could I have a day off?

I was wondering if I could have a day off.

■ 1. 定型表現を学ぶことの利点（と欠点）

上の返答から、許可を得る際には、

Is it okay if I ...?

Is it possible for me to ...?

Would it be possible to ...?

Could I ...?

I was wondering if I could ...

などの表現が使えることがわかりました。

　特定の機能と結びついた定型表現は、円滑なコミュニケーションを行う上での潤滑油となります。これらの表現を使いこなすことで、英語の効果的な使い手に近づくことができます。

■ 母語話者だけでなく、学習者も定型表現を使うべきか？

　「はじめに」で述べた通り、母語話者の使用する言語の5割以上が定型表現から成るといいます。英語を外国語として学ぶ我々も、彼らにならって多くの定型表現を使うべきなのでしょうか？　書店に行くと、「その英語ネイティブは笑っています」「その英語ネイティブはカチンときます」「ネイティブは見た！ヘンな英語」などのタイトルの書籍が並び、YouTube では「ネイティブは Hello なんて使わない」「ネイティブは絶対に hobby とは言わない」「ネイティブは I'm very hungry とは言わない！」などの動画が人気を集めています。さらに、街中で見かけた和製英語の誤りを指摘する英語母語話者の投稿も、ソーシャルメディア（SNS）では多く見られます。母語話者規範を絶対的なものとするこれらの風潮から、「母語話者のように由緒正しい英語を使わないといけない」というプレッシャーを感じてしまうのも無理はないでしょう。

　しかし、英語はいわゆる英語圏の地域語としての側面だけでなく、国際的な政治・経済の場で使われる国際共通語（lingua franca）という側面も

42

有しています。英語を母語として使用する人と、外国語として使う人の比率は、1対5程度であるという推計もあります[9]。母語話者が少数派であることを考えると、母語話者規範を押し付けることには慎重であるべきです。学習者が母語話者のような英語を目指すだけでなく、母語話者が学習者の英語を受け入れ、それを理解しようと歩み寄る姿勢も必要でしょう。ですから、「英語母語話者が多くの定型表現を使っているから、我々もそれにならうべきだ」という主張は必ずしも妥当ではありません。

◆学習者も定型表現を使った方が良い理由

一方で、我々学習者も英語の定型表現を使うことで、いくつかのメリットを享受できることも確かです。すでに述べた通り、定型表現を知ることには、言語使用の正確性・流暢性があがったり、単語に関するより深い理解につながったりするなど、多くの利点があります。

さらに、英語の母語話者だけでなく、英語を外国語として使用する人も、話し言葉・書き言葉にかかわらず、多くの定型表現を使用しています。ですから、英語の定型表現を知ることは、英語の母語話者だけでなく、非母語話者とやりとりする際にも有益です。

定型表現を学ぶことは、一見手間がかかるように感じられますが、長期的に見れば労力の節約につながる可能性もあります。例えば、「6時30分です」と言いたい際に、It's half past six. という定型表現をあえて使わずに、It exceeds six by a half.（6時を30分超過しています）といった非慣習的な表現を使うと、相手に理解してもらえなかったり、誤解につながったりする可能性があります。これは相手が母語話者であろうと、非母語話者であろうと、同じです。このような状況では、意図を繰り返し説明したり、誤解を解くために追加で説明をしたりする必要が生じ、結果的に多くの労力が必要となります。定型表現を用いてわかりやすく伝えることで、聞き

---

9 Crystal, D. (2017). *Making sense: The glamorous story of English grammar.* Profile Books.

■ 1. 定型表現を学ぶことの利点（と欠点）

手の理解を助けるだけでなく、結果的に自分自身の労力も節約できるのです。

さらに、英語を話す際に定型表現を多く使用すると、騒音などで聞き取りづらかったり、発音・文法が正確でなかったり、言い間違えたりしても、こちらの意図を正しく推測してくれる可能性が高まります。書き言葉に関しても、誤字脱字があったり、文法が多少不正確だったり、手書きの文字が一部読みづらかったりしても、場面にあった定型表現を適切に組み合わせていれば、何が言いたいかを推測してくれるでしょう。

つまり、「ネイティブの英語が正しいから」「英語はネイティブのように話さないといけないから」「ネイティブに近づきたいから」などの理由で、定型表現を無理して使う必要はありません。同時に、定型表現の知識は、母語話者のみならず、非母語話者との円滑なコミュニケーションも可能にしてくれます。そのため、新規に表現を創作するのではなく、英語話者の間で広く慣習として受け入れられている定型表現を使用した方が、手間もかからず、長い目で見ると我々学習者にとってもプラスになることが多いでしょう。

◆優先順位の高い定型表現から学ぶ

母語話者は数十万もの定型表現を知っていると推定されています[10]。しかし、英語を外国語として学ぶ我々が、母語話者と同じくらいの定型表現を使いこなす必要はありません。定型表現の中には、重要なものとそうでないものがあるからです。

重要でない定型表現とは、パラフレーズ（＝言い換え）可能なものです。例えば、**cost an arm and a leg** は「腕と足を要する」が文字通りの意味ですが、「法外な金がかかる」という意味の比喩的イディオム（2章）

10　Pawley, A., & Syder, F. H. (1983). Two puzzles for linguistic theory. In J. C. Richards & R. W. Schmidt (Eds.), *Language and communication* (pp. 191–226). Longman.

44

です。仮にこの表現を知らなかったとしても、cost a lot of money や be extremely expensive などの表現で代用（パラフレーズ）すれば、ほぼ同じ意味が伝えられます。同じく、go on（起こる）、come back（戻る）、put off（〜を延期する）などの句動詞（7章）を知らなくても、go on は happen、come back は return、put off は postpone などの単語で言い換え可能です。そのため、これらの表現に関しては、学習の優先順位は低くなります。

　一方で、コロケーション（3章）や複合語（6章）に関しては他の表現で代替しづらいことが多く、優先して学習すべきです。どのような定型表現を優先すべきかについては、2章以降で詳しく説明します。

定型表現を学ぶことのデメリット1：実力を過大評価されてしまう

　定型表現を学ぶことには多くの利点がありますが、デメリットもいくつかあります。その内の1つは、定型表現を使うと、英語力が高いように見えてしまうため、実力を過大評価されてしまう可能性があるということです。

　日本のある元プロ野球監督の話です。その監督は英語が大の苦手だったそうですが、米国から大物のメジャーリーガーが助っ人として加入することになりました。「挨拶くらいは英語でできるようにしておこう」と考え、球団所属の通訳者に、「『はじめまして』は英語で何と言うんだ？」と尋ねたそうです。Nice to meet you. という定型表現を学んだその監督は、大物選手の来日に備え、Nice to meet you. と何度も口に出して練習しました。

　プロ野球の開幕が近づき、その大物選手と初対面する際に、監督は満を持して Nice to meet you. を披露しました。練習の甲斐があったようで、非常に流暢に言うことができました。発音・抑揚・リズムともに完璧な Nice to meet you. を聞いたその選手は、「この監督は英語が話せるに違

45

いない」と勘違いし、容赦なく早口で話しかけてきました。その選手の言うことが何一つわからない監督は、困り果てて通訳者に助けを求めたといいます。

　この例からわかる通り、定型表現を使うことで、英語の運用能力が高まるため、実力を過大評価されてしまうことがあります。その結果、この元監督のように、窮地に陥ってしまうこともあるでしょう。

　一方で、英語が本当はあまり得意でなくても、得意なふりをしていれば、いつかは本当に得意になれる可能性もあります。例えば、「この人は英語ができる」と周囲に（過大？）評価された結果、海外取引先とのやりとりを任せられたり、海外出張の機会に恵まれたりするかもしれません。そして、仕事で英語を使っているうちに、実力が追いついてくることもあるでしょう。

　つまり、自分の英語力を過大評価されることはデメリットになる一方、それを利用して英語力をさらに高めるチャンスにできる可能性もあります。

定型表現を学ぶことのデメリット２： 英語の映画やテレビ番組が楽しめなくなる？

　定型表現を学ぶもう一つのデメリットは、英語での娯楽が純粋に楽しめなくなることです。例えば、英語の本を読んだり、映画・テレビ・YouTube を鑑賞している際に、「この定型表現は面白いな」「この表現、自分も今度使ってみよう」などと定型表現に意識がいってしまい、ストーリーに集中できなくなる症状（？）が報告されています。

　例えば、本書を執筆している 2024 年現在、筆者は The West Wing（邦題は「ホワイトハウス」）というアメリカの連続テレビドラマにハマっています。番組で出てきた定型表現のうち、気になったものを Notion（https://www.notion.so/ja-jp）というスマートフォンのアプリに記録しています。シーズン３視聴中に記録した定型表現の数をエピソードごとに集計したと

ころ、以下のようになりました。

表：The West Wing シーズン 3 視聴中に筆者が記録した定型表現の数

エピソード	件数	エピソード	件数
1	13	13	12
2	20	14	24
3	20	15	14
4	14	16	9
5	14	17	23
6	18	18	26
7	18	19	29
8	24	20	21
9	18	21	29
10	20	22	13
11	22	平均	18.7
12	11	標準偏差	5.7

　1 エピソードあたり平均して 18.7 件の表現を記録していることがわかりました。1 つのエピソードは約 40 分ですから、約 2 分に 1 回のペースです。メモをとることに気がとられ、内容理解がおろそかになってしまうこともあります。

　定型表現への意識が高まることは、英語学習という観点からは望ましいものです。しかし、英語での娯楽が純粋に楽しめなくなるという副作用もありますので、要注意です。

▌定型表現を学ぶことのデメリット 3：
▌自分の頭で考えなくなる？

　定型表現を学ぶことのデメリットとして、創造的・批判的な思考が妨げられるという指摘もあります。「1984 年」などの小説で知られるジョージ・

■ 1. 定型表現を学ぶことの利点（と欠点）

オーウェルは、「政治と英語」（Politics and the English language）という評論で、以下のように述べています[11]。

> The political dialects to be found in pamphlets, leading articles, manifestos, White Papers and the speeches of Under-Secretaries do, of course, vary from party to party, but they are all alike in that one almost never finds in them a fresh, vivid, home-made turn of speech. When one watches some tired hack on the platform mechanically repeating the familiar phrases ... one often has a curious feeling that one is not watching a live human being but some kind of dummy ...
>
> If the speech he is making is one that he is accustomed to make over and over again, he may be almost unconscious of what he is saying, as one is when one utters the responses in church.

（訳） パンフレット・社説・マニフェスト・白書、および次官の演説で見られる政治的な言葉遣いは、もちろん党によって異なるが、新鮮で生き生きとした独自の言い回しがほとんど見られないという点でどれも似通っている。疲れた小物政治家が演壇上でお馴染みのフレーズを機械的に繰り返すのを見ると（略）、生きている人間ではなく、一種のマネキンを見ているような奇妙な感覚にしばしば襲われる。（略）

　政治家が何度も繰り返し行う慣れた演説をしている場合、彼は自分が何を言っているのかほとんど意識していないかもしれない。ちょうど教会で唱和する時のように。

　すでに指摘したとおり、定型表現を使用することの利点に、一から文を構築する必要がないため、余計なことを考えずにスムーズに文を産出できるようになることがあります。このようなプロセスは自動化

11　Orwell, G. (1946). Politics and the English language. *Horizon, 13*, 252–265.

48

（automatization）と呼ばれます。自動化が進むことでスムーズな発話が可能になるため、自動化は一般的には好ましいものと考えられています。しかし、裏を返せば、定番の決まり文句ばかりに頼っていると、深い思考を伴わず機械的に言語を口に出しているだけで、自分の頭で考えない操り人形のようになる危険性をオーウェルは指摘しています。定型表現（formulaic language）を使用することで、定型的思考（formulaic thinking）に陥ってしまうということです [12]。

　日本語でも、「転売ヤー」「ブラック企業」「闇バイト」「キックバック」「パパ活」などの表現を無批判に使うことで、社会問題の本質や深刻さが矮小化されると指摘されることがあります。

　How are you? ときかれたら I'm fine, thank you. And you? と答えれば良いと習った学習者が英語圏で病院に行った際、お医者さんに症状を尋ねられ、I'm fine, thank you. And you? と答えてしまったという笑い話もあります。言語を制服化することで流暢な言語使用が可能になりますが、時にはお仕着せの表現に頼らず、一から丁寧に文を組み立てることも必要なのでしょう。

12　Wray, A. (2008). *Formulaic language: Pushing the boundaries.* Oxford University Press.

■ 1. 定型表現を学ぶことの利点（と欠点）

|コラム| 英語の「母語話者」とは？

　本章では、英語の「母語話者」や「ネイティブ（スピーカー）」（native speakers）という用語を用いてきました。しかし、「ネイティブスピーカー」という表現には問題があり、使用すべきではないという研究者もいます[13]。この用語にはどのような問題があるのでしょうか？

　第1に、「ネイティブスピーカー」（母語話者）の対義語として「ノンネイティブスピーカー」（non-native speakers; 非母語話者）がありますが、「ノンネイティブ」という用語が望ましくないという指摘があります。ある人のことを「非母語話者」というのは、左利きのことを「非右利き」、女性のことを「非男性」、文系のことを「非理系」と呼ぶようなもので、奇妙であり、不適切です。また、「非母語話者」という表現には、「母語話者」が標準的で、「非母語話者」はそれから外れた劣った人々というニュアンスがあり、差別的ですらあります。

　第2に、「ネイティブスピーカー」はその言語に熟達した完璧な話者で、「ノンネイティブスピーカー」はネイティブに至らない未熟な学習者という含意がありますが、このような図式にあてはまらない人も珍しくありません。例えば、日本語の母語話者でも、漢字の読み書きに苦手意識があったり、人前で話すのがあまり得意でなかったりする人もいるでしょう。また、海外に移住して日本語を使う機会が減ったり、加齢に伴ったりして、日本語力が衰えることもあります。そうかと思えば、母語以外の言語で小説を書いて高い評価を受けたり（多和田葉子氏やグレゴリー・ケズナジャット氏が好例でしょう）、外国語を使って歌手や俳優として世界的に活躍したりと、ある面では一般的な母語話者よりも高い言語力を持っているであろう「非母語話者」もいます。しかし、「母語話者」「非母語話者」というレッテルを貼ると、前者はその言語に熟

13　Dewaele, J.-M. (2018). Why the dichotomy 'L1 versus LX user' is better than 'native versus non-native speaker.' *Applied Linguistics, 39*, 236–240.

達した完璧な話者であるのに対し、後者はそれに及ばない未熟な人というイメージが想起されてしまい、個人差が見えづらくなってしまいます。

第3に、「ネイティブスピーカー」の「スピーカー」という表現が不適切という指摘もあります[14]。例えば、耳が不自由などの理由で、音声言語ではなく、手話を母語としている人もいます。手話は音声を介して話して（= speak）いるわけではないため、「スピーカー」（speakers）よりも「使用者」（users）という用語の方が適切です。

■ 代案：「第一言語使用者」と「第 X 言語使用者」

それでは、「ネイティブスピーカー」や「ノンネイティブスピーカー」ではなく、どのような表現を用いるべきでしょうか？　1つの代案として、「ネイティブスピーカー」の代わりに「第一言語使用者」（L1 users）、「ノンネイティブスピーカー」の代わりに「第二言語使用者」（L2 users）が挙げられます。「第一言語使用者」は「ある言語を第一言語として使用する人」、「第二言語使用者」は「ある言語を第二言語として使用する人」という意味です。「ネイティブ」や「ノンネイティブ」と違い、片方がもう片方よりも優れているといった含意がないため、より適切な表現だと考えられます。また、「スピーカー」（speakers; 話者）ではなく「使用者」（users）とすることで、手話を母語としている人も含まれ、より包摂的です。さらに、「外国語で話せないけれど、読み書きはできる」「外国語の聞き取りはできるけれど、話せない」といった、「スピーカー」ではないが「使用者」である人も想定されるため、より実態に即しています。

さらに、「第二言語使用者」（L2 users）の代わりに、「第 X 言語使用者」（LX users）という用語も提案されています[15]。「第 X 言語使用者」とは、

14　Dewaele, J.-M. (2018). Why the dichotomy 'L1 versus LX user' is better than 'native versus non-native speaker.' *Applied Linguistics, 39,* 236–240.

15　Dewaele, J.-M. (2018). Why the dichotomy 'L1 versus LX user' is better than

「ある言語を X 番目の言語として使用している人」という意味です。「第二言語」ではなく、「第 X 言語」とすることで、ある言語を「第三言語」「第四言語」「第五言語」として使用する人も含めることができます。

■「ネイティブスピーカー」とは誰なのか？

さらに、「英語のネイティブスピーカー」とは、一体誰を指すのかという問題もあります。多くの人は、「英語のネイティブ」と聞くと、英米人を思い浮かべるでしょう。しかし、英語は国際的な言語であり、カナダ・オーストラリア・ニュージーランドはもちろん、シンガポール・インド・フィリピン・南アフリカなど、様々な地域で使われています。「ネイティブは○○なんて言わない」というのは、単に「（多くの）英米人はそう言わない」だけで、英米以外の英語にはあてはまらない可能性があります。例えば、discuss は他動詞であるため、discuss about the problem ではなく、discuss the problem が正しいと一般的には言われています。しかし、東南アジアでは discuss about the problem / books / concepts などの用例が見つかります [16]。

また、「英米」と一括りにしがちですが、two countries separated by the same language.（同じ言語によって隔てられた二つの国）と言われるとおり、アメリカ英語とイギリス英語には様々な違いがあります。例えば、建物の階数を表す表現は、英米で次のように異なります。

'native versus non-native speaker.' *Applied Linguistics, 39*, 236–240.

16　Crystal, D. (2018). *The Cambridge encyclopedia of the English language* (3rd ed.). Cambridge University Press.

	アメリカ英語	イギリス英語
4 階	fourth floor	third floor
3 階	third floor	second floor
2 階	second floor	first floor
1 階	first floor	ground floor

ある映画で、イギリスに旅行したアメリカ人が、「あなたの部屋は
second floor です」と言われたので、2 階の部屋に入ったらすでに他人
がいて、実際の部屋は 3 階だった、というシーンがありました（イギリ
スで同じような問題に遭遇したくない方は、「二階堂ふみはイギリスで
は一階堂ふみになる」と覚えましょう）[17]。

　さらに、同じ国内でも、様々な種類の英語があります。例えば、アメ
リカの African American Vernacular English（アフリカ系アメリカ
人の英語、黒人英語）は、いわゆる「標準的な」アメリカ英語とは異
なる特徴を有しています。ドラマ Atlanta では、以下のような African
American Vernacular English の用例に触れることができます。

	African American Vernacular English	「標準的な」アメリカ英語
Be 動詞の省略	So who you with, ASA?	So who are you with, ASA?
二重否定	I ain't scared of nothing.	I'm not scared of anything.
活用	No, he don't. He do.	No, he doesn't. He does.

....

17　https://x.com/tdualdir/status/1349988400208646148

| 完了形 | And he done talked me into it. | And he (has) talked me into it. |
| 進行形 | And I be thanking God everyday?? | And I thank God everyday?? |

　また、たとえ同じ種類の英語を話していても、定型表現に関しては個人差が大きいことが指摘されています。例えば、cheap price（安い値段）、very unique（とてもユニークな）、true fact（まぎれもない事実）などの表現を使うかどうかについては、母語話者でも意見が分かれるようです（オーレックス英和辞典第2版）。出身地や年代が同じ日本語話者であっても、「的を射る」vs「的を得る」、「念頭におく」vs「念頭に入れる」、「油断も隙もない」vs「油断も隙もならない」のうち、どちらを使用するかに関しては揺れが見られるのと同じようなものでしょう。

　すなわち、

1) アメリカ英語・イギリス英語以外にも、様々な種類の英語がある。
2) 「英米」と一括りにしがちだが、アメリカ英語とイギリス英語には違いがある。
3) また、「アメリカ英語」「イギリス英語」と一口に言っても、両国内に様々な変種がある。
4) さらに、どのような表現を自然と感じるかに関しては、個人差もある。

ということを考えると、「ネイティブは○○なんて言わない」という時、その「ネイティブ」とは誰のことを指しており、その見解がどれほど一般的であるのか、検討すべきでしょう。

■ さらにモヤっとする「ネイティブ」の用法

　もう一点私が気になるのは、「ネイティブ」や「ネイティブスピーカー」

というと、もっぱら「英語の母語話者」を指すことです。某 Podcast 番組に出演して英語学習について話していた際、ある声優の方に、「頑張れば私でも今からネイティブになれますか？」と聞かれたことがあります。思わず「○○さんもすでにネイティブスピーカーですよ。日本語の」と答えてしまったので、面倒くさい人だと思われたかもしれません。「ネイティブスピーカー」とはある言語の「母語話者」を指すため、「日本語のネイティブスピーカー」や「中国語のネイティブスピーカー」という用法も当然あります。しかし、「ネイティブ」や「ネイティブスピーカー」というと、「英語の母語話者」を指すことが多いようです。「ネイティブ」や「ネイティブスピーカー」という表現は、英語の native speakers に由来するため、仕方がない面もあるかもしれませんが、若干モヤっとします。

　さらに最近気がついたのは、「母語話者では無いけれど、ある言語の熟達した使用者」という意味で、「ネイティブ」や「ネイティブスピーカー」という表現が日常的に用いられるということです。ですから、「私でも今から英語のネイティブになれますか？」と誰かが言った時、その人は「私でも今から英語の母語話者になれますか？」とききたいのではなく、「英語の母語話者とはいわないけれど、（例えば、通訳者のように）高いレベルで英語が使いこなせる人に私でも今からなれますか？」が本意である可能性があります。

　学術的な用語としては、「ネイティブスピーカー」は「母語話者」、すなわち、ある言語を第一言語として使用している人を指します。ですから、「母語話者では無いけれど、ある言語の熟達した使用者」という意味で、「ネイティブ」や「ネイティブスピーカー」という表現を用いるのは厳密には不適切です。一方で、学術的な用語が日常生活では異なる意味で使われることも珍しくありませんので、いちいち目くじらを立てることでは無いのかもしれません。

■ 1. 定型表現を学ぶことの利点（と欠点）

　このように、「ネイティブ」や「ネイティブスピーカー」という用語には問題があるため、使用する際には慎重になるべきでしょう。かくいう私も数年前に出版した書籍の帯に、「最小の努力でネイティブに近づく英語学習の新定番」という宣伝文句を入れられてしまいました。大学の授業で「ネイティブ」という用語に様々な問題があることを説明した後に、その書籍の表紙をスクリーンに提示し、「まあ、自分も人のこと言えないんですけどね」と言い、笑い（苦笑？）を誘うのが定番となっています。

2 定型表現の代名詞、比喩的イディオム

▌比喩的イディオムとは何か

　英語の定型表現には様々な種類がありますが、代表格が preach to the choir（聖歌隊に説教する→相手が既に知って［実践して］いることを説く、釈迦に説法をする）、put the cart before the horse（馬の前に荷車をつける→順序が逆転する、本末を転倒する）などの比喩的イディオム（figurative idioms）でしょう。比喩的イディオムには以下のような三つの特徴があります。

◆ 1. 意味が予測しづらい

　第1の特徴は、部分から全体の意味が予測しづらい点です。例えば、be in the hot seat は文字通りには「熱い席にいる」ですが、比喩的に「苦境に立っている」も意味します。be / in / the / hot / seat という構成要素の意味から、イディオム全体の意味を想像するのは非常に困難です。言い換えれば、1＋1が2にならず、3や4になるのが比喩的イディオムです。

　日本語でも、「二枚目」は「美男」という意味ですが、「二」「枚」「目」という構成要素の意味を足しても「美男」という意味にはならないのと似ています。

◆ 2. 語彙的な固定度が高い

　比喩的イディオムの第2の特徴は、語彙的な固定度が高いことです。「語彙的な固定度が高い」とは、構成要素の単語を自由に入れ替えられないことを指します。

　例えば、spill the beans は文字通りには「豆をこぼす」ですが、「（うっかり）秘密を漏らす」という比喩的な意味も持ちます。このイディオムの

57

■ 2. 定型表現の代名詞、比喩的イディオム

spill を類義語の drop に置き換えて drop the beans としたり、beans を似たような意味の peas に置き換えて spill the peas としたりすると、「秘密を漏らす」という意味は失われ、「豆をこぼす」という文字通りの意味になってしまいます。このように、構成要素を自由に入れ替えられないという点で、比喩的イディオムは語彙的な固定度が高いといえます。

日本語の例を挙げると、「猫に小判」や「豚に真珠」とは言えるのに、「豚に小判」や「猫に真珠」とはふつう言わないのと似ています。

◆ 3. 文法的な固定度が高いものも

比喩的イディオムの中には、文法的な固定度が高いものもあります。以下のうち、正しい比喩的イディオムを含む文はどれでしょうか？

	英文 A	英文 B
1.	Stop beating around the bushes.	Stop beating around the bush.
2.	After the final exams, we all went to the beach, and steam was blown off.	After the final exams, we all went to the beach and blew off steam.
3.	He held his horses.	Hold your horses!
4.	Despite the warnings, they turned blind eyes to the risks.	Despite the warnings, they turned a blind eye to the risks.
5.	Is it raining cats and dogs outside?	It's raining cats and dogs outside.

正解は、いずれも B が一般的で、A はあまり一般的でない表現です。理由を以下に示します。

58

1. Stop beating around the bush.

【訳】遠回しに言うのはやめてくれ。

【解説】beat around the bush（遠回しに言う）はふつう単数形で使い、beat around the bushes のように複数形にしない。

2. After the final exams, we all went to the beach and blew off steam.

【訳】期末試験の後、みんなでビーチに行って、息抜きをした。

【解説】blow off steam（うっ憤を晴らす）はふつう能動態で使い、steam was blown off のように受動態（受け身）にしない。

3. Hold your horses!

【訳】落ち着け！

【解説】hold one's horses（落ち着け）はふつう命令文で使い、We held our horses. のように平叙文では使わない。

4. Despite the warnings, they turned a blind eye to the risks.

【訳】警告があったにもかかわらず、彼らは危険性に目をつぶっていた。

【解説】turn a blind eye（見て見ぬふりをする）はふつう単数形（eye）で用いられ、複数形（eyes）にしない。

5. It's raining cats and dogs outside.

【訳】雨がざあざあ降っている。

【解説】rain cats and dogs（雨がざあざあ降る）はふつう平叙文で用いられ、疑問文では使わない。

「英語の比喩的イディオムはなぜこんなに厄介なのか？」と思われるかもしれませんが、日本語の慣用表現でも、「うだつが上がらない」と言う

59

■ 2.定型表現の代名詞、比喩的イディオム

のに「うだつが上がる」とは言わない、「何の変哲もない」と言うのに「ちょっとだけ変哲がある」とは言わないなど、理屈で説明できない点は多くあります。「なぜこの比喩的イディオムは複数形では使えないのか？」などと考えることにはあまり意味がなく、そういうものだと納得するしかないのでしょう。

▮ どこまで習熟すべきか？

意味が予測しづらく、さらに固定度が高い比喩的イディオムは、厄介な存在です。しかし、英語を外国語として学ぶ我々が無理して比喩的イディオムを使う必要はありません。例えば、throw in the towel は「タオルを投げ入れる」が文字通りの意味ですが、比喩的に「敗北を認める」という意味も持ちます（ボクシングで敗北を認める際にリングにタオルを投げ入れることから、このような意味になりました）。仮にこのイディオムを知らなくても、give up, concede defeat, admit that one has been defeated などの表現で代用（パラフレーズ）すれば、ほぼ同じ意味が伝えられます。

同時に、映画・テレビ番組・会話などの話し言葉や、小説・新聞・雑誌などの書き言葉にかかわらず、比喩的イディオムは広く使われます。そのため、リスニングやリーディングで遭遇した際に、意味が理解できるようにしておくのは有益です。

つまり、比喩的イディオムに関して産出知識（productive knowledge：スピーキングやライティングで自分から使える知識）を持つ必要はありませんが、受容知識（receptive knowledge：リスニングやリーディングで理解できる知識）はつけておいた方が良い、ということです。

しかし、比喩的イディオムに関して注意すべきことは、個々の表現の頻度があまり高くないため、文脈から自然に習得するのが難しいことです。例えば、比喩的イディオムの代表的なものに kick the bucket（死ぬ、く

60

たばる）があります。この表現は、言語学に関する多くの専門書で比喩的イディオムの代表例として取り上げられるなど、知名度が高いものです。例えば、*The mental corpus: How language is represented in the mind* という言語学に関する専門書（全321ページ）では、kick the bucket が比喩的イディオムの具体例として20回以上言及されています。しかし、英語の母語話者であったとしても、この表現に遭遇するのは年に1～2回くらいだろうと推定されています[1]。

つまり、比喩的イディオム全てを合算すれば使用頻度は高いものの、個々の比喩的イディオムの使用頻度はきわめて低いということです。そのため、比喩的イディオムを文脈から自然に習得するのは難しく、意識的な学習が欠かせないと考えられます。

一般的に、使用頻度が高い表現の方が低い表現よりも、習得されやすい傾向にあります。比喩的イディオムは使用頻度があまり高くないにもかかわらず、なぜ多くの母語話者は知っているのでしょうか？　その理由の1つとして、比喩的イディオムの多くは奇妙で目立ち、インパクトが強いため、記憶に残りやすいからという説があります[2]。日本語でも、「飛んで火に入る夏の虫」「馬の耳に念仏」「江戸の敵を長崎で討つ」といった慣用表現はそれほど頻繁に使われているわけではありませんが、日本語母語話者の多くは知っています[3]。おそらく、遭遇した時のインパクトが強かったため、使用頻度が低いにもかかわらず記憶に定着したのでしょう。同じように、dot the i's and cross the t's（i に点を打ち t に横棒を引く→細部ま

1　Taylor, J. R. (2012). *The mental corpus: How language is represented in the mind.* Oxford University Press.

2　Taylor, J. R. (2012). *The mental corpus: How language is represented in the mind.* Oxford University Press.

3　約1億語が収録された「現代日本語書き言葉均衡コーパス」（https://shonagon.ninjal. ac.jp）では、「飛んで火に入る夏の虫」は7件、「馬の耳に念仏」は4件、「江戸の敵を長崎で討つ」は1件のみ使用されていました。

で気を配る、くどく説明する）、think outside the box（箱の外で考える
→既成の枠にとらわれずに考える）、separate the wheat from the chaff
（小麦を脱穀する→良いものと悪いものとを分ける）などの比喩的イディ
オムも、その奇妙な響きとふるまいから、聞き手に強い印象を残し、多く
の母語話者はいつの間にか自然に身につけていると考えられます。

■ 比喩的イディオムの学習法①：由来を理解する

　比喩的イディオムを効果的に覚える一つの方法は、その由来を理解す
ることです[4]。 例えば、bite the bullet は「弾丸を噛む」が文字通りの意
味ですが、「困難に敢然と立ち向かう」という意味の比喩的イディオムで
す。麻酔が普及する以前、負傷した兵士が手術の際に弾丸などの固い物を
噛んで苦痛に耐えたことから、このような意味になったと言われています
（*Oxford Dictionary of Idioms*）。「bite the bullet ＝困難に敢然と立ち向か
う」と丸暗記するのではなく、由来とともに覚えることで、習得しやすく
なります。

　日本語でいえば、「二枚目＝美男」と機械的に暗記するのではなく、「歌
舞伎の番付で 2 番目に美男が書かれたことから、『二枚目＝美男』という
意味になった」と理屈をつけると覚えやすくなるのと似ています（なお、
番付の 3 番目には滑稽な役をする俳優が書かれたことから、「三枚目」は「お
調子者、滑稽なことを言ったりしたりする人」という意味になりました）。

　比喩的イディオムの由来を知る上では、『詳説英語イディオム由来辞
典』（三省堂）、『英語クリーシェ辞典：もんきりがた表現集』（研究社）、
Oxford Dictionary of Idioms などの書籍や、The Phrase Finder（https://
www.phrases.org.uk/）などのウェブサイトを用いると良いでしょう。ま

4　Boers, F., Demecheleer, M., & Eyckmans, J. (2004). Etymological elaboration
as a strategy for learning figurative idioms. In P. Bogaards & B. Laufer (Eds.),
Vocabulary in a second language: Selection, acquisition and testing (pp. 53–78). John
Benjamins.

た、各種の英和辞典にも多くの比喩的イディオムの由来が解説されています。

◆クイズ：比喩的イディオムの由来
　以下の比喩的イディオムの由来は何でしょうか？　考えてみましょう。

比喩的イディオム	字義的な意味	比喩的な意味
1. play it by ear	耳で演奏する	臨機応変にやる、ぶっつけ本番でやる
2. hit the hay	干し草をたたく	就寝する、床につく
3. put ... on the back burner	〜を奥のバーナーに置く	〜を後回しにする
4. put [lay] one's cards on the table	テーブルに自分のカードを置く	手の内を見せる、計画[意図] を明かす
5. swan song	白鳥の歌	最後の作品[演技]、辞世、絶筆
6. bury the hatchet	まさかりを埋める	仲直りする、和睦する
7. back to the drawing board	製図板に戻って	振り出しに戻って、一からやり直す
8. be set in stone	石に刻まれた	（ふつうは否定文で）変えられない、確定している
9. steal [run away with] someone's thunder	他人の雷を盗む	人の工夫[発明] を横取りする、お株を奪う
10. in seventh heaven	7つ目の天国で	有頂天になって、最高に幸せで

■ 2. 定型表現の代名詞、比喩的イディオム

正解は以下の通りです。

1. 譜面なしで音楽を演奏することから。

2. 昔は干し草の上に寝ていたことから。

3. ガスレンジの奥のバーナーは火力が弱いことから。

   注）put ... on the front burner（〜を手前のバーナーに置く）は「〜を最優先に
   する」という意味。

4. トランプで自分の持ち札をテーブルの上に置いて見せることから。

5. 白鳥が死ぬときに歌うという言い伝えから（実際は歌わない）。

6. 米国先住民が和睦する時にまさかり（トマホーク）を埋めた慣習から。

7. 設計や計画の際に用いる製図板の段階に戻ることから。

8. 旧約聖書でモーセが神から授かった、石に刻まれた十戒から。

9. 英国の劇作家 John Dennis の言葉から。自身が考案した雷鳴の舞台
   効果を競争相手に盗まれたとき、They will not let my play run, but
   they steal my thunder.（奴らは俺の芝居は上演しないくせに、雷を盗
   みやがる）と口にしたとされる。

10. ユダヤ教で第 7 天（the seventh heaven）が最上層天とされたことか
   ら。

   注）*Oxford Dictionary of Idioms* (Oxford University Press)、The Phrase Finder
   (https://www.phrases.org.uk/) および『詳説英語イディオム由来辞典』（三
   省堂）などを元に作成。

◆由来は諸説ある場合も

　由来に関して諸説ある比喩的イディオムもあります。例えば、on cloud
nine は「とても幸福である、心が浮き浮きしている」という意味で、
1950 年代に Yours Truly, Johnny Dollar という米国のラジオ番組をきっ
かけに広く使われるようになったと言われています。このイディオムは、
「米気象庁が一つの雲を 9 タイプに分類した最上層部」（リーダーズ英和辞
典 第 3 版）が cloud nine にあたるため、「非常に高いところ」＝「天に
も昇る心地」という連想から、「とても幸福である」という意味になった

という説があります。

　しかし、実際には米気象庁は雲を9ではなく10段階に分類しており（*Oxford Dictionary of Idioms*）、なぜあえて最上層部の cloud ten ではなく、上から2番目の cloud nine にしたのか定かではありません。歴史を遡ると、on cloud nine に加えて、on cloud seven, on cloud eight, on cloud thirty-nine などの用例も見つかり、nine という数字自体にあまり意味はないという説もあります（cloud seven は、the seventh heaven「第7天」という表現の影響を受けていると言われています）[5]。

　なお、近年では cloud nine では物足りないというニュアンスをこめて、on cloud ten という表現を使用する人もいるようです[6]。雲の10段階分類の観点からは on cloud ten の方がより正確ですが、果たしてこの表現は今後定着するのでしょうか？

◆由来を理解することは不可欠か？

　英語の母語話者であったとしても、あらゆる比喩的イディオムの由来を正しく理解しているわけではありません。例えば、be on the ropes は「絶体絶命で、すっかりまいって」という意味の比喩的イディオムですが、ふらふらになったボクサーがリングのロープにもたれかかっている様子が由来だと言われています。しかし、日本で英語を教える米国出身のある知人は、「ロープの上を綱渡りのように歩くのは危ないから、be on the ropes は『絶体絶命』という意味になる」と勘違いしていたそうです。

　このように、英語の母語話者であったとしても、比喩的イディオムの由来を誤解していることは珍しくありません。ですから、英語学習者である我々が比喩的イディオムの由来をすべて正しく理解する必要はないでしょう。

　考えてみれば、日本語でも正確な由来を知らずに使っている表現は少な

5　https://www.phrases.org.uk/meanings/on-cloud-nine.html
6　https://www.phrases.org.uk/meanings/on-cloud-nine.html

■ 2. 定型表現の代名詞、比喩的イディオム

くありません。例えば、「けりをつける」は「物事に決着をつける」という意味の慣用句です。この表現は、和歌・俳句などに詠嘆の助動詞「けり」で終わるものが多いことから、「決着をつける」という意味になったと言われています（例：「いくたびも雪の深さを尋ねけり」「降る雪や明治は遠くなりにけり」「おもしろきこともなき世をおもしろく住みなすものは心なりけり」）。しかし、日本語の母語話者の中には、「蹴りをつける」、すなわち、何かを蹴飛ばして片づけることから、このような意味になったと勘違いしている人もいるようです[7]。しかし、仮に「けりをつける」の由来を知らなかったとしても、この慣用句を正しく産出・理解できますし、日常的な意思疎通に支障はありません。

　同様に、英語の比喩的イディオムに関しても、その由来をすべて正確に理解する必要はありません。「丸暗記ではどうしても覚えられない」「丸暗記よりも、理屈を理解したほうが学習しやすい」など、由来を知ることがイディオム学習に役立つ場合のみ、活用すると良いでしょう（一方で、英語教師を目指すのであれば、正しい由来を理解することは有益でしょう）。

■ 比喩的イディオムの学習法② : 視覚的に理解する

　比喩的イディオムの由来を図解で表すと、習得が促進されることを示した研究もあります[8]。そこで、『英語イディオム語源辞典　語源とイラストでスラスラ覚える』（講談社）など、イラスト付きの教材で学習するのも良いでしょう。また、「Google 画像検索」（https://www.google.co.jp/imghp）で比喩的イディオムを検索すると、その由来を示す画像が見つかることもあります。

　例えば、skate on thin ice は「危ない橋を渡る」という意味の比喩的イ

7　平沢慎也. (2021).『実例が語る前置詞』くろしお出版.

8　Ramonda, K. (2022). A double-edged sword: Metaphor and metonymy through pictures for learning idioms. *International Review of Applied Linguistics in Language Teaching*, *60*, 523–561.

66

ディオムです。Google 画像検索で "skate on thin ice" を検索すると、今にも割れそうな薄氷の上でスケートをしている人のイラストが多数見つかります。画像を見ることでskate on thin iceの由来が視覚的にも理解でき、学習の助けになります。

■ 比喩的イディオムの学習法③：カテゴリー別に覚える

　比喩的イディオムを効果的に覚える３つ目の方法は、カテゴリー別に覚えることです。英語には特定のカテゴリーに関連したイディオムが多数存在します。以下に「トランプ」「戦争」「スポーツ」「航海」を例に、それぞれに由来する表現を挙げます（なお、英語の trump は「切り札」の意味であり、日本語の「トランプ［遊び］」に相当するのは cards です。「トランプをする」は play cards といいます）。

◉ トランプに関連する比喩的イディオム

イディオム	字義的な意味	比喩的な意味
call someone's bluff	トランプで相手に手を公開させる	手の内を見すかして化けの皮をはがす、やれるものならやってみろと挑戦する * bluff は（ポーカーでの）はったりを指す。
force someone's hand	手持ちの札を出すように強いる	～にやりたくない［その気になっていない］ことをさせる
follow suit	直前に出された札と同じ組札を出す	人のまねをする、先例に従う * suit はトランプの組札を指す。
strong suit	強力な組札	強味、長所

67

■ 2. 定型表現の代名詞、比喩的イディオム

turn up trumps	勝ち札を拾う	予想以上にうまくいく、思いがけない幸運に恵まれる
above board	手を盤の上に置いてトランプをする（＝不正をしない）	公明に［の］、隠しだてがなく［のない］
keep [play] your cards close to your chest [vest]	自分のカードを近くに持っておく	秘密にしておく、手の内を見せない
have something up one's sleeve	袖に切り札を隠しておく	〜を密かに用意している、奥の手として〜がある
hold all the aces	エースを独占している	決定権を握っている、有利な状況にある
play one's ace	エースを使う	最後の切り札を使う
get a raw deal	ポーカーでひどい札を配られる	不当な扱いを受ける *deal は配られたカード（手札）を指す。dealer はトランプのカードの配り手。
not miss a trick	トリック（ブリッジなどの1回りのプレー）を逃さずに勝つ	万事見通している、だまされない、チャンスを逃さない

◉ 戦争に関連する比喩的イディオム

イディオム	字義的な意味	比喩的な意味
fight a rearguard action	後衛戦をする	最後の抵抗をする
come under fire	砲火にさらされる	厳しい非難を浴びる
last-ditch attempt	最後の防御線での努力	土壇場の努力

rank and file	横列と縦列	（身分の低い）兵士たち、下士官兵、一般組合員、平社員
break ranks	隊列を乱す	結束を乱す、離反する
stick to one's guns	自分の持ち場を守り抜く	自分の立場を固守する、自説を曲げない
Trojan horse	トロイの木馬	（外部から潜入した）破壊工作員
loose cannon	固定されていない大砲	何をしでかすかわからない人、要注意人物
bite the bullet	（手術する際、負傷した兵士が）弾丸を噛んで苦痛に耐える	困難に敢然と立ち向かう
give no quarter	捕虜に宿所を与えない	考慮をしない、情け容赦しない
over the top (OTT)	塹壕の胸壁を越えて	大げさな、やりすぎの、とんでもない

◉ スポーツに関連する比喩的イディオム

イディオム	字義的な意味	比喩的な意味
be on the ball	ボールをよく見ている	油断のない、機敏な
blow the whistle on ...	（審判が反則した選手に）ホイッスルを吹く	〜を内部告発する、密告する
score an own goal	オウンゴールをする	自分で自分の首を絞める
move [shift] the goalposts	ゴールポストを動かす	自分に有利になるように規則を変える

69

bat a thousand	野球で10割打つ（注：全打席でヒットを打つこと）	大成功を収める
step up to the plate	打席に立つ（注：plate はここでは home plate「ホームベース」のこと）	責任を負う、進んで取り組む、困難に立ち向かう
throw ... a curve (ball)	変化球を投げる	～の意表を突く、驚かす
three strikes and you're out	ストライク3つでアウト	3度失敗すればあとはない
lower one's guard	（ボクシングで）防御の姿勢を解く	油断する
throw in the towel	（ボクシングで敗北を認める際にリングに）タオルを投げ入れる	敗北を認める

注）*Oxford Dictionary of Idioms* (Oxford University Press)、*Optimizing a lexical approach to instructed second language acquisition* (Palgrave Macmillan) および『詳説英語イディオム由来辞典』（三省堂）などを元に作成。

上のように、特定の分野に関する表現をまとめて覚えることで、体系的・効率的な学習が可能になります。

■ 比喩的イディオムの学習法④：英語の発想を理解する

比喩的イディオムの根底にあるメタファー（比喩）を理解するのも有効です。例えば、over the moon は「月の向こうに」が文字通りの意味ですが、「大喜びして、有頂天になって」という意味でも使われます。『メタファーで読み解く英語のイディオム』（開拓社）によると、この表現の根底には、「喜びは上昇、悲しみは下降」というイメージがあるとされます。つまり、

「月の向こうにいる」とは「天に昇るほど嬉しい」ことなので、over the moon は「大喜びして、有頂天になって」という意味になるわけです。

　その他、以下の表現も「喜びは上昇、悲しみは下降」という論理で理解できるでしょう。

イディオム	字義的な意味	比喩的な意味
walk on air	（うれしくて）宙を歩く	うきうきしている
on top of the world	世界の頂点に立つ	とても幸福［元気］で、ひどく得意になって
on cloud nine	雲の上に乗って	とても幸福である、心が浮き浮きしている
come down to earth	地球に降りてくる	（夢からさめて）現実の世界に戻る
down in the dumps	ごみ捨て場に落ちて	ふさぎこんで、がっくりして
feel down	気分が下がる	落胆する

注)『メタファーで読み解く英語のイディオム』（開拓社）を元に作成。

また、have one's head in the clouds は「考えが実際的でない、空想にふけっている」という意味です。上の空で地に足がついていない様子をイメージすると理解しやすいでしょう。

71

■ 2.定型表現の代名詞、比喩的イディォム

| コラム |　　**定型表現を創造的に使用する**

　すでに述べた通り、比喩的イディオムには理屈では説明しづらい、様々な制約があります。しかし、母語話者はその制約をあえて無視して、比喩的イディオムを創造的に使うことがあります。例えば、マンガ「ワンピース」の実写版（Netflix）では、以下のようなセリフがあります（シーズン１エピソード6）。

> I'm with Nami on this one. I'm really not trying to ruffle any feathers or scales.
>
> （自分もナミに賛成だ。誰かを怒らせたりするつもりはないから）

ruffle one's feathers は、文字通りには「〜の羽毛を逆立てる」ですが、「〜を怒らせる、いらだたせる」という意味の比喩的イディオムです（鳥が怒ったりおびえたりすると羽毛を逆立てることが由来だと言われています）。ここでは、体がウロコで覆われた半魚人に関して述べているため、feathers or scales（羽毛というか、ウロコ）と付け足しています。

　以下は、犬が主人公のアニメ、PAW Patrol（パウパトロール）からです（シーズン９エピソード16）。

> Pups, I know what we need to do but it's going to take each pup and every cat. I need all paws on deck to stop Codi and get our town back!
>
> （ワンちゃんたち、やるべきことはわかってるんだけど、それにはワンちゃんとネコちゃんみんなの力が必要なんだ。コディを阻止し、町を取り戻すために、全員の力が必要なんだ！）

all paws on deck は、all hands on deck（すべての乗組員を甲板に→

全員直ちに仕事にかかれ）という航海に由来するイディオムを元にした言葉遊びです。ここでは、犬と猫に協力を依頼しているため、hands ではなく、paws（《犬・猫などの》かぎづめのある足）を使っています。あえて日本語に訳せば、「犬と猫の手も借りたい」という感じでしょうか。

　比喩的イディオム以外の定型表現も創造的に使用されることがあります。例えば、a waste of time は「時間の無駄」という意味ですが、米国のシチュエーションコメディ The Office では、以下のようなセリフがあります（シーズン 4 エピソード 2）。

　　Well, today was a fantastic waste of time.
　　（今日はとんでもなく時間を無駄にしてしまった）

waste of time（時間の無駄）は否定的なニュアンスを持つ表現ですので、通常は fantastic で修飾される事はありません。アメリカ英語のコーパスである COCA（https://www.english-corpora.org/coca/）で調べると、complete waste of time（完全な時間の無駄）、total waste of time（まったくの時間の無駄）、big waste of time（大きな時間の無駄）、huge waste of time（大きな時間の無駄）、colossal waste of time（途方もない時間の無駄）、utter waste of time（完全な時間の無駄）、ridiculous waste of time（ばかげた時間の無駄）、biggest waste of time（最大の時間の無駄）、giant waste of time（巨大な時間の無駄）など、否定的なニュアンスを持つ表現が多く見つかります。

フレーズ	使用頻度	フレーズ	使用頻度
complete waste of time	176	giant waste of time	11
total waste of time	93	enormous waste of time	10
big waste of time	85	monumental waste of time	8

■ 2. 定型表現の代名詞、比喩的イディオム

huge waste of time	54	massive waste of time	7
colossal waste of time	47	pointless waste of time	7
utter waste of time	23	silly waste of time	7
ridiculous waste of time	16	terrible waste of time	7
biggest waste of time	14	bigger waste of time	6
f_ing waste of time	14	absolute waste of time	6
great waste of time	6	real waste of time	4
stupid waste of time	6	serious waste of time	4
useless waste of time	6	sheer waste of time	4
foolish waste of time	5	tremendous waste of time	4
pure waste of time	5	unnecessary waste of time	4
worthless waste of time	5	painful waste of time	3
absurd waste of time	4	mild waste of time	3
futile waste of time	4	incredible waste of time	3
fat waste of time	4	major waste of time	3
goddamn waste of time	4	expensive waste of time	3
pathetic waste of time	4	frustrating waste of time	3

a fantastic waste of time という表現は、通常 waste of time と共起
しない fantastic をあえて使うことで、皮肉を表していると考えられま
す。

　文学作品・映像作品・広告・歌詞等では、制約を無視し、定型表現
を創造的に使う言葉遊びが広く見られます（A Fantastic Waste of
Time という名前の楽曲もあります）。日本語でも、「気になりすぎて、

夜も眠れない」をアレンジして、「気になりすぎて、夜しか眠れない」と言うことがありますが、それと同じようなものでしょう。母語話者が定型表現を創造的に使用すると「ユーモアがある」「詩的である」と肯定的に評価されることがあります。一方で、学習者が同じことをすると、「母語話者はそんなこと言わない」「その表現は不自然だ」と批判されがちなのは、奇妙な double standard（二重基準、ダブルスタンダード）と言えるでしょう[9]。

1) 文法的・語彙的に様々な制約がある、2) 同時に、そのような制約を無視して創造的に使われることがある、という相反する特徴が定型表現の難しさであり、面白さでもあります。

---

9 Wray, A. (2018). Concluding question: Why don't second language learners more proactively target formulaic sequences? In A. Siyanova-Chanturia & A. Pellicer-Sanchez (Eds), *Understanding formulaic language: A second language acquisition perspective* (pp. 248–269). Routledge.

3 | 比喩的イディオムとは似て非なるコロケーション

■コロケーションとは何か

　コロケーション（collocations）とは、結びつきの強い複数の内容語（名詞・動詞・形容詞・副詞）から構成されるフレーズのことで「連語」とも呼ばれます。具体例を以下に示します。

パターン	具体例
動詞＋名詞	answer the phone （電話に出る）
形容詞＋名詞	viable option （実現性のある選択肢）
副詞＋動詞	fully understand （～を十分に理解する）
副詞＋形容詞	cautiously optimistic （慎重ながらも楽観的な）
名詞＋動詞	errors occur （誤りが起きる）

コロケーションは 2 章で紹介した比喩的イディオムとよく似ていますが、両者には二つの違いがあります。

◆比喩的イディオムとの違い①：意味の予測しやすさの違い

　一つ目の違いは、比喩的イディオムと比べてコロケーションの方が構成要素から全体の意味が予測しやすい点です。例えば、with bells on は文字通りには「鈴をつけて」ですが、比喩的イディオムとしては「大喜びで、はりきって」などの意味を持ちます。with / bells / on という構成要素から、「大喜びで、はりきって」という意味を想像するのはきわめて困難です。

　一方で、cause an uproar（大騒動を引き起こす）や wishful thinking（希望的観測、願望的思考）などのコロケーションでは、cause / uproar

/ wishful / thinking は文字通りの意味で使われています。そのため、比喩的イディオムよりもフレーズ全体の意味が予測しやすいといえます。

つまり、1 + 1 が 3 や 4 になるのが比喩的イディオムで、1 + 1 がほぼ 2 になるのがコロケーションというわけです。

◆ 比喩的イディオムとの違い②：語彙的な固定度の違い

二つ目の違いは、語彙的な固定度が高い比喩的イディオムと異なり、コロケーションは固定度が低いという点です。例えば、bury the hatchet（斧を埋める→仲直りする、和睦する）というイディオムでは、hatchet（斧、まさかり）を sword（刀）や gun（銃）に置き換えると、「仲直りする」という比喩的な意味は失われてしまいます。このように、構成要素の単語を自由に入れ替えられないことから、比喩的イディオムは固定度が高いといえます。

一方で、high salary（高い給料）というコロケーションでは、salary を income（収入）、wage（賃金）、pay（報酬）、earnings（所得）などの類義語に置き換えが可能です。このことから、比喩的イディオムと比較して、コロケーションは語彙的な固定度が低い（＝自由度が高い）といえます。

ただし、コロケーションも定型表現の一種であるため、無制限に置き換えられるわけではありません。例えば、「（罪・過失などを）犯す」という意味の動詞 commit は、commit a crime（罪を犯す）、commit a felony（重罪を犯す）、commit a misdemeanor（軽罪を犯す）、commit an indiscretion（過ちを犯す）などのコロケーションで用いられます。しかし、lie（うそ）、deceit（詐欺）、delinquency（過失、犯罪）などの名詞はふつう目的語にとりません[1]。また、heavy drinker（大酒飲み）、heavy smoker（大の喫煙家、ヘビースモーカー）、heavy user（愛用者、ヘビーユーザー）は自然なコロケーションですが、heavy eater（大食い）は不

---

1 Nesselhauf, N. (2005). *Collocations in a learner corpus*. John Benjamins.

■ 3. 比喩的イディオムとは似て非なるコロケーション

自然と感じる話者も多いようです（代わりに big eater などの表現が一般的です）[2]。

　比喩的イディオムほど語彙的な固定度は高くないものの、一定の制約があるため、コロケーション習得は容易ではありません[3]。英語上級者とそれ以外を分けるのは、コロケーションの能力だという説もあるくらいです。

◆両者の境界は曖昧

　比喩的イディオムとコロケーションの違いを表にまとめると、次のようになります。

	意味の予測しやすさ	語彙的な固定度
比喩的イディオム	低	高
コロケーション	高	低

しかし、上の表に示した違いは原則であり、両者の境界はあいまいであることに注意しましょう。

　具体的には、比喩的イディオムは語彙的な固定度が高いのが原則ですが、例外もあります。例えば、skate on thin ice は「薄氷を踏む、危ない橋を渡る」という意味の比喩的イディオムで、He's skating on thin ice by constantly arriving late to meetings.（彼は会議に遅刻してばかりで、危ない橋を渡っている）のように使います。この比喩的イディオムでは、動詞 skate を be, stand, tread, walk などに置き換え可能です。すなわち、If he continues to overlook his deadlines, he'll be standing [treading, walking] on thin ice at work.（このまま締め切りを無視し続ければ、彼

2　Taylor, J. R. (2003). *Cognitive grammar.* Oxford University Press.
注）「コンパスローズ英和辞典」など、heavy eater を掲載している辞書もあります。
3　Read, J., & Dang, T. N. Y. (2022). Measuring depth of academic vocabulary knowledge. *Language Teaching Research.* Advance online publication.

は仕事で薄氷を踏むことになるだろう）のように言うこともできます。なお、筆者は夫婦喧嘩の際に、妻（米国出身）からいつも You're on thin ice.（もう後がないよ）と警告されています。skate [be, stand, tread, walk] on thin ice は比喩的イディオムでありながら、語彙的な自由度が高い（＝固定度が低い）といえます。

また、let the genie out of the bottle は「魔人を瓶から出す」が文字通りの意味ですが、「取返しのつかないことをする」という意味の比喩的イディオムです。このイディオムには、The genie is out of the bottle.（状況は決定的に変わった、大きな変化が起こる）や、put the genie back in the bottle（[好ましくない]変化を元に戻す、事態を元の鞘に納める）などのバリエーションがあります。skate [be, stand, tread, walk] on thin ice と同じく、固定度が低い比喩的イディオムといえるでしょう。

さらに、コロケーションは、意味が予測しやすいものが大半ですが、例外もあります。代表例が、基本動詞の軽動詞（light verb）的用法を含むコロケーションです[4]。軽動詞的用法 とは、give / have / make / take などの基本動詞が、動詞本来の意味をあまり持たずに使われることです。例えば、make a promise（約束する）、make progress（進歩する）、make a discovery（発見する）では、make 本来の意味はほとんど失われています。

軽動詞的用法を含むコロケーションの例を以下に示します。

◉ give の軽動詞的用法を含むコロケーション

コロケーション	和訳
give birth	出産する
give a lecture	講義する
give a party	パーティーを開く

4 「軽動詞的用法」の代わりに、「脱語彙的用法」（delexical use）ということもあります。

■ 3.比喩的イディオムとは似て非なるコロケーション

give a presentation	発表する
give consideration	考慮する
give emphasis	強調する
give an explanation	説明する

◉ have の軽動詞的用法を含むコロケーション

コロケーション	和訳
have a break	休憩する
have fun	楽しむ
have consequences	結果をもたらす
have a laugh	笑う
have a look	見る
have an impact	影響を与える
have a bite	一口食べる、ちょっと食べる

◉ make の軽動詞的用法を含むコロケーション

コロケーション	和訳
make contact	連絡する
make an attempt	試みる
make a decision	決定する
make an effort	努力する
make a mistake	間違う
make a noise	騒音を立てる
make a suggestion	提案する

make a request	要求する
make an offer	申し出る
make a claim	請求する
make a demand	要求する
make an accusation	告発する

◉ take の軽動詞的用法を含むコロケーション

コロケーション	和訳
take a picture / photo	写真を撮る
take a walk	散歩する
take a bath	入浴する
take medicine	薬を飲む
take a nap	昼寝する
take notice	気づく
take an oath	誓いを立てる

　軽動詞的用法では、give / have / make / take などの基本動詞が、動詞本来の意味をあまり持たずに使われています。ですから、「1＋1が2になる」、すなわち、構成要素の意味からフレーズ全体の意味が予測しやすいという典型的なコロケーションの定義から外れています。しかし、名詞は文字通りの意味で使われているため、比喩的イディオムよりは意味の予測可能性が高く、コロケーションの性質も合わせ持っています。

◆比喩的イディオムか？　コロケーションか？
　比喩的イディオムとコロケーションの理解を確認するため、練習問題に

■ 3.比喩的イディオムとは似て非なるコロケーション

挑戦してみましょう。以下に、8つのフレーズがあります。この内の半分は比喩的イディオムで、残りはコロケーションです。8つのうち、どれが比喩的イディオムで、どれがコロケーションでしょうか？ 分類してください。

	意味
1. tie the knot	結婚する
2. make a reservation	予約する
3. show the ropes	やり方を教える
4. take a risk	リスクをとる
5. loose cannon	要注意人物
6. jump ship	離脱する
7. throw a party	パーティーを開く
8. high income	高収入

　模範解答は以下の通りです。

比喩的イディオム：1, 3, 5, 6

コロケーション：2, 4, 7, 8

【解説】

1. tie the knot は直訳すると「結び目を縛る」だが、「結婚する」という意味にもなる。tie / the / knot という構成要素の意味から、フレーズ全体の意味を想像するのが困難である（＝意味の予測可能性が低い）ため、比喩的イディオム。

2. reservation は「予約」という文字通りの意味で用いられているため、コロケーション。make 本来の意味はほとんど失われているため、軽動

詞的用法。

3. show the ropes は直訳すると「ロープを見せる」だが、「やり方を教える」という意味にもなる。show / the / ropes という構成要素の意味から、フレーズ全体の意味を想像するのが困難である（＝意味の予測可能性が低い）ため、比喩的イディオム。show the ropes 以外に、**teach** the ropes（やり方を教える）、**learn** the ropes（やり方を学ぶ）、**know** the ropes（やり方を知っている）などのバリエーションがあり（*Oxford Dictionary of Idioms*）、比喩的イディオムでありながら語彙的な固定度はやや低い。なお、このイディオムは船乗りに船の操作方法を教えることが由来であり、「ロープの使い方を見せて、船の操作方法を教える」ことから、「やり方を教える」という意味になった。

4. risk は「リスク」という文字通りの意味で用いられているため、コロケーション。take 本来の意味はほとんど失われているため、軽動詞的用法。

5. loose cannon は直訳すると「固定されていない大砲」だが、「要注意人物、何をしでかすかわからない人」という意味になる。構成要素の意味からフレーズ全体の意味を想像するのが困難であるため、比喩的イディオム。船の上で固定されていない大砲が危険であることからこのような意味になったとされる（*Oxford Dictionary of Idioms*）。

6. jump / ship という構成要素の意味からフレーズ全体の意味を想像するのが困難であるため、比喩的イディオム。jump a ship, abandon ship, leave [abandon, desert] a sinking ship（見込みのない事から手を引く）などのバリエーションもある（コンパスローズ英和辞典）。show the ropes と同じく、航海に由来する比喩的イディオムである。

7. party は「パーティー」という文字通りの意味で用いられているため、コロケーション。

8. high, income ともに文字通りの意味で用いられているため、コロケーション。income は salary（給料）、wage（賃金）、pay（報酬）、earnings（所得）などの類義語に置き換え可能である。語彙的な固定

度が低いという点で、典型的なコロケーション。

日本語から直訳できないコロケーション

英語のコロケーションには日本語から直訳できるものと、できないものとがあります。例えば、「行動をとる」を直訳した take action は自然なコロケーションです。

一方で、「連絡をとる」は（×）take contact ではなく、make contact が自然です。ある言語から別の言語に直訳できるコロケーションは「一致コロケーション」（congruent collocations）、直訳できないコロケーションは「不一致コロケーション」（incongruent collocations）と呼ばれます。先ほどの例で言えば、take action は一致コロケーション、make contact は不一致コロケーションです。

◆クイズで腕試し

日本語から直訳できない不一致コロケーションは、学習者にとって特に難しいと指摘されています。以下に、不一致コロケーションに関する練習問題を用意しました。和訳を参考にカッコ内に適切な単語を入れて、コロケーションを完成させてください。

【練習問題】

1. 運転免許をとる　（　　　）a driver's license
2. 犠牲を払う　（　　　）a sacrifice
3. 冗談を言う　（　　　）jokes
4. 真実を言う　（　　　）the truth
5.（錠剤の）薬を飲む　（　　　）medicine
6. 良い点をとる　（　　　）a good score
7.（授業の）単位をとる　（　　　）credits

84

8. ～に影響を与える　（　　　）an influence on ...

9. ～に損害を与える　（　　　）damage to ...

10. 太い声　（　　　）voice

11. 熱い戦い　（　　　）battle

　1 ～ 11 はいずれも不一致コロケーションであることに注意しましょう。例えば、1 の「運転免許をとる」はそのまま直訳して（×）take a driver's license とはできず、take 以外の動詞を用いる必要があります。

解答

　模範解答は以下の通りです。

1. 運転免許をとる　**get** a driver's license

2. 犠牲を払う　**make** a sacrifice

3. 冗談を言う　**tell** jokes

4. 真実を言う　**tell [speak]** the truth

5.（錠剤の）薬を飲む　**take** medicine

6. 良い点をとる　**get** a good score

7.（授業の）単位をとる　**get** credits

8. ～に影響を与える　**have** an influence on ...

9. ～に損害を与える　**do [cause]** damage to ...

10. 太い声　**deep** voice

11. 熱い戦い　**bitter [fierce]** battle

　上のように、日本語から直訳できないコロケーションは特に注意が必要です。一方で、日本語から直訳できるからといって、簡単とは限りません。また、日本語から直訳できないのに簡単なコロケーションもあります。詳しくは、本章末のコラム「直訳できるからといって簡単とは限らない」をご参照ください。

コロケーションの学習法

◆言語重視学習と意味重視学習

英語学習法は、「言語重視学習」(language-focused learning) と「意味重視学習」(meaning-focused learning) の二つに大別されます[5]。言語重視学習とは、単語集で英単語を暗記したり、文法書で英文法を学んだり、練習問題を解いたりして、英語自体について意識的に学ぶ活動です。一方で、意味重視学習とは、英語で本を読んだり、動画を観たり、英会話をしたりして、文脈から自然に英語を習得することを指します。

言語重視学習と意味重視学習には、利点もあれば欠点もあります。言語重視学習の利点は、短期間で多くの単語や文法が身につき、効率が良いことです。一方で、言語重視学習で得られた知識は、英会話や英作文でも使用できるとは限らないという欠点もあります。「苦労して暗記した英単語が、会話では口から出てこなかった」という経験をされた方も多いでしょう。

一方で、意味重視学習のメリットは、学んだ知識が実際のコミュニケーションでも使いやすい点にあります。同時に、習得に多くの時間がかかり、効率が悪いというデメリットもあります。言語重視学習と意味重視学習はそれぞれ一長一短であるため、両者を組み合わせ、相補的に用いることが最も効果的と指摘されています。

コロケーション学習においても、言語重視学習と意味重視学習の両者をバランスよく組み合わせることが重要です。

◆意味重視学習の代表例：多読

意味重視学習としては、多読 (extensive reading) が効果的です。多読とは、その名の通り簡単な英文をたくさん読むことです。Oxford University Press、Macmillan、Penguin など、様々な出版社から多

5　中田達也.(2023).『最新の第二言語習得研究に基づく 究極の英語学習法』KADOKAWA.

読用の教材が出版されているので、それらを活用すると良いでしょう。Extensive Reading Central（https://www.er-central.com/）、Free Graded Readers（https://freegradedreaders.com/wordpress）、Oxford Owl（https://www.oxfordowl.co.uk）など、多読教材を無料で提供しているウェブサイトもあります。

　多読の際には、自分の英語力より数段階低いレベルの教材を選ぶのがポイントです。具体的には、知らない単語や文法事項がほとんど含まれておらず、辞書を使用しないでも理解できるものが理想です。難解な単語や複雑な構文が多く含まれる教材は「多読」ではなく、むしろ「精読」（intensive reading）に適しています。

◆多聴もおすすめ

　多読に加えて、多聴（extensive listening）もコロケーション学習に効果的です。多聴とは、多読のリスニング版で、簡単な英語をたくさん聞くことです。多読と同じく、知らない単語や文法事項がほとんど含まれず、一回聞いただけで大意が理解できる教材を用いましょう。

　具体的には、ELLLO（http://www.elllo.org）、BBC Learning English（www.bbc.co.uk/learningenglish）などのウェブサイトや、ポッドキャストなどの音声配信サービスが活用できます。Netflix（https://www.netflix.com）や YouTube（https://www.youtube.com）などで英語の動画を見るのも良いでしょう。

◆多読・多聴だけでは不十分？

　多読・多聴などの意味重視学習を通して多くの英語に触れることで、「do damage や cause damage はよく耳にするけど、（×）give damage はあまり聞かないな」「tell a lie は自然だけど、（×）say a lie はちょっと変だな」といった直感が養われ、do [cause] damage や tell a lie などのコロケーションを文脈から自然に習得できるでしょう。しかし、比喩的イ

87

■ 3.比喩的イディオムとは似て非なるコロケーション

ディオムと比較すると、コロケーションは気づきにくいため、意味重視学習の効果は限定的という指摘もあります。

例えば、Without any defense, the unprotected server was a sitting duck for cyber attacks. という英文を考えてみましょう。sitting duck は文字通りには「座っているカモ（アヒル）」ですが、「だましやすい人、格好の標的」という意味の比喩的イディオムです。この表現を知らないと、「サーバーやサイバー攻撃の話題なのに、どうして急にカモが出てくるのだろう？」と戸惑ってしまうことでしょう。そこで、sitting duck を辞書で引いたり、「そういえば日本語の『カモ』にも『格好の標的』という意味があるなぁ」と思いを巡らせたりして、sitting duck という表現に注意を向けるかもしれません。つまり、意味が予測しづらいという比喩的イディオムの特徴は、内容理解を阻害するというデメリットであると同時に、学習者の注意が向きやすいというメリットにもなりえます[6]。

一方で、When confronted by the authorities, he decided to tell the truth about what happened that night.（当局に問い詰められた時、彼はその夜に起こったことについて真実を話すことにした）という英文はどうでしょうか？ tell the truth というコロケーションを知らなかったとしても、「真実を話す」という意味は前後の文脈から比較的容易に推測できるでしょう。したがって、tell the truth というコロケーションが使われていることにすら学習者は気づかないかもしれません。さらに、tell the truth のように、動詞と目的語の距離が近ければコロケーションに気づきやすいですが、tell the whole truth（ありのままを話す）、tell you the honest truth（あなたに本当のことを言う）、tell the taxpayers the truth（納税者に真実を話す）のように、tell と truth の間に他の単語が入ると、tell the truth というコロケーションに気づくのはさらに困難になるでしょう。

6　Vu, D. V., & Peters, E. (2022). The role of formulaic sequences in L2 speaking. In T. M. Derwing, M. J. Munro, & R. Thomson (Eds.), *The Routledge handbook of second language acquisition and speaking* (pp. 285–298). Routledge.

ですから、**tell the truth** というコロケーションに複数回遭遇していても、この表現は習得されないままで、「真実を話す」と言いたい時に（×）**say the truth** という一般的ではない表現を使ってしまうかもしれません[7]。

つまり、意味が推測しやすいというコロケーションの特徴は、内容理解の観点からは大きなメリットですが、記憶への定着という点ではデメリットにもなりえるのです。

◆距離が離れたコロケーションは気づきにくい

コロケーションの構成要素の距離が離れていると、学習者はコロケーションに気づきにくくなることを示した研究もあります[8]。Laura Vilkaitė-Lozdienė 氏らが行った研究では、英語学習者がコロケーションと、それ以外のフレーズを読む時間を計測しました。コロケーションはさらに、「隣接コロケーション」（adjacent collocations）と、「非隣接コロケーション」（non-adjacent collocations）の 2 種類に分けられました。「隣接コロケーション」とは、**meet demand** のように、コロケーションの構成要素（ここでは meet と demand）が隣り合っているものです。「非隣接コロケーション」とは、**meet** the widely discussed **demand** のように、コロケーションの構成要素（meet と demand）の間に他の単語（**the widely discussed**）が割り込んでおり、構成要素間の距離が離れているものです。具体例を以下に示します。

7　Boers, F., & Lindstromberg, S. (2009). *Optimizing a lexical approach to instructed second language acquisition.* Palgrave Macmillan.

8　Vilkaitė, L., & Schmitt, N. (2019). Reading collocations in an L2: Do collocation processing benefits extend to non-adjacent collocations? *Applied Linguistics, 40,* 329–354.

■ 3. 比喩的イディオムとは似て非なるコロケーション

	例
1. 隣接コロケーション	meet demand（需要を満たす） meet expectation（期待に応える）
2. 非隣接コロケーション	meet the widely discussed demand （広く議論を呼んでいる需要を満たす） meet the almost impossible expectation （ほぼ不可能な期待に応える）
3. 統制フレーズ	avoid demand（需要を避ける） stand expectation（期待に耐える）

　「1. 隣接コロケーション」と「2. 非隣接コロケーション」では、いずれも使用頻度が高い定型表現が使われました（meet demand と meet expectation はいずれも一般的なコロケーションです）。一方で、「3. 統制フレーズ」では、使用頻度が低い表現が使われました（avoid demand や stand expectation はどちらも一般的なコロケーションではありません）。

　研究の結果、「1. 隣接コロケーション」は「3. 統制フレーズ」よりも速く読まれるものの、「2. 非隣接コロケーション」と「3. 統制フレーズ」の間には大きな差が見られないことが示されました。この結果は、コロケーションの構成要素間に他の単語が割り込むと、学習者はコロケーションに気づきにくくなる可能性を示唆しています。

　一方で、英語母語話者を対象にした研究では、「1. 隣接コロケーション」だけでなく、「2. 非隣接コロケーション」も、「3. 統制フレーズ」より速く読まれることが示されています。つまり、構成要素が隣接しているかどうかにかかわらず、英語母語話者はコロケーションをひとまとまりとして処理できるようです[9]。

9　Vilkaitė, L. (2016). Are non-adjacent collocations processed faster? *Journal of Experimental Psychology: Learning, Memory, and Cognition, 42*, 1632–1642.

◆意識的な学習も不可欠

　隣接コロケーションと非隣接コロケーションに関する研究結果は、学習者が多読や多聴で非隣接コロケーションに遭遇したとしても、それがコロケーションとは認識されず、結果的に学習につながらない可能性を示唆しています。母語話者は多くのコロケーションを文脈から自然に習得すると考えられていますが、英語学習者の場合は、意識的な学習（＝言語重視学習）もある程度必要でしょう。

　具体的には、コロケーションなどの定型表現に特化した教材を使用することで、短期間で多くのコロケーションを身につけられるでしょう。具体的には、次のような書籍が活用できます。

　・大学入試 飛躍のフレーズ IDIOMATIC 300（アルク）
　・例題で学ぶ英語コロケーション（研究社）
　・仲良し単語を知って英語を使いこなそう！（小学館スクウェア）
　・*English Collocations in Use* シリーズ（Cambridge University Press）
　・*Using Collocations for Natural English*（Delta Publishing）

また、以下はコロケーションに特化した教材ではありませんが、有益なコロケーションが多数掲載されています。

　・大学入試 無敵の難単語 PINNACLE 420（アルク）
　・上級英単語 LOGOPHILIA ロゴフィリア（アスク）

　不一致コロケーションに関しては、日本語と対比すると良いでしょう。例えば、「日本語では『連絡をとる』と言うけれど、英語では take contact ではなく、make contact と言う」などの明示的な指導を受けることで、不一致コロケーションの習得が促進されることが研究で示唆され

ています[10]。『例題で学ぶ英語コロケーション』（研究社）など、不一致コロケーションがまとめられた書籍が活用できます。

▌コロケーション学習に役立つウェブサイト

言語重視学習を通してコロケーションを学ぶうえでは、以下のウェブサイトも有用です。

- SKELL（https://skell.sketchengine.eu/、無料）
- Corpus of Contemporary American English（COCA; https://www.english-corpora.org/coca/、一部有料）
- Just the Word（https://www.just-the-word.com/、無料）

これらのウェブサイトでは、ある英単語を入力すると、その単語を含むコロケーションを一覧表示してくれます。

例えば、SKELL（https://skell.sketchengine.eu/）に utterly（まったく、すっかり）と入力し、Word sketch をクリックすると、utterly + destroyed（破壊された）、useless（役に立たない）、ridiculous（ばかげた）、false（誤った）、impossible（不可能な）、incapable（無能な）、unable（無力な）、irrelevant（無関係の）、wrong（間違っている）、pointless（無意味な）、absurd（ばかげた）などのコロケーションが表示されます。

1	destroy	utterly destroyed
2	useless	utterly useless
3	ridiculous	utterly ridiculous

10　Laufer, B., & Girsai, N. (2008). Form-focused instruction in second language vocabulary learning: A case for contrastive analysis and translation. *Applied Linguistics, 29,* 694–716.

4	fail	utterly failed
5	false	is utterly false
6	impossible	is utterly impossible
7	defeat	was utterly defeated
8	incapable	utterly incapable of
9	unable	utterly unable to
10	irrelevant	is utterly irrelevant
11	reject	utterly rejected
12	wrong	utterly wrong
13	pointless	utterly pointless
14	absurd	is utterly absurd
15	charming	utterly charming

上の結果から、utterly は主に否定的な文脈で使われるという仮説が立てられます。辞書で utterly を調べると、「しばしば否定的意味合いの形容詞・動詞を修飾する」(コンパスローズ英和辞典) と書かれているものもあり、この仮説を支持していると考えられます。

SKELL は無料で使いやすいのが利点ですが、欠点もあります。それは、表示されるコロケーションの数があまり多くないことです。より多くのコロケーションを調べたい際には、Corpus of Contemporary American English (COCA; https://www.english-corpora.org/coca/) が便利です。COCA の使い方については、拙著『英語は決まり文句が8割　今日から役立つ「定型表現」学習法』(講談社) をご覧ください。

ある単語を含む一般的なコロケーションを習得するためには、多くの用例に触れる経験が欠かせません。コーパスなどのツールを使用することで、

■ 3. 比喩的イディオムとは似て非なるコロケーション

通常であれば遭遇するのに数年～数十年かかるような多くの用例に、一瞬
のうちに接することができます。もちろん、一つひとつの用例への理解は
表層的になるため、あくまで疑似体験にすぎず、現実の言語使用場面での
実例にとって代わるものではありません。同時に、多読や多聴の効果を高
める補助的なツールとして、活用すると良いでしょう。

◆英文添削ツールの活用

　日本語から直訳できない不一致コロケーションを学習する際には、
DeepL Write（https://www.deepl.com/write/）などの英文添削ツールも
便利です。DeepL Write は英文を瞬時に添削してくれるウェブサイトで、
コロケーションの誤りも訂正してくれることがあります。

　例えば、DeepL Write に It's important to always say the truth, even
when it's difficult.（たとえそれが難しい時でも、常に真実を伝えることが
重要だ）という英文を貼り付けてみましょう。すると、以下のように say
the truth の say を tell に置き換えた英文を提案してくれます。

It's important to always ~~say~~ tell the truth, even when it's difficult.

この結果から、「真実を言う」は say the truth よりも、tell the truth の方
が一般的であることが分かります。

　ChatGPT（https://chat.openai.com/）をはじめとする生成 AI に「以
下の英文を添削して」と依頼し、コロケーションの誤りを訂正してもらう
こともできます。

| コラム |　**直訳できるからといって簡単とは限らない**

　本章で述べた通り、日本語から直訳できない表現は、直訳できるものよりも難しいと一般的には考えられています。この現象は、言語転移（language transfer）という概念によって説明されます。言語転移とは、ある言語の項目（例：語彙、文法、発音）を別の言語にそのまま当てはめて（＝転移して）使用することです。例えば、次の２つの表現を考えてみましょう。

- ・ 注意を払う ＝ pay attention
- ・ 犠牲を払う ＝ make a sacrifice

「注意を払う」という表現は、そのまま英語に直訳して pay attention と言うことができます（「払う」＝ pay）。つまり、日本語の知識をそのまま英語に転移できます。一方で、「犠牲を払う」は pay a sacrifice ではなく、make a sacrifice が自然です。日本語の知識をそのまま英語に転移できない（「払う」≠ pay）ため、pay attention よりも make a sacrifice の方が、日本語を母語とする学習者にとっては難しいと考えられます。

　しかし、日本語から直訳できる表現だからといって、常に転移が起きるわけではありません。例えば、次の２つの英文で正しいのはどちらでしょうか？

A.　John **borrowed the book** from Bill.

B.　John **borrowed the idea** from Bill.

注） 以下より抜粋。
Tanaka, S., & Abe, H. (1985). Conditions on interlingual semantic transfer. In P. Larson, E. L. Judd, & D. S. Messershmitt (Eds.), *On*

TESOL '84: A brave new world for TESOL (pp. 101–120). TESOL.

borrow the book（本を借りる）、borrow the idea（アイデアを借り
る、拝借する）は、ともに一般的な英語表現です。ですから、A・Bと
もに正しい英文です。しかし、日本の大学生 70 人にきいてみたところ、
次のような結果になったと報告されています[11]。

	正しい	正しくない
A. John borrowed the book from Bill.	87%	13%
B. John borrowed the idea from Bill.	30%	70%

A が正しいと答えた学生は 87% だったのに対し、B が正しいと答えた
学生は 30% しかいませんでした。日本語でも「本を借りる」「アイデア
を借りる」は自然な表現ですので、「日本語から直訳できる表現は簡単
である」という仮説が正しければ、いずれの表現も正答率は高くなるは
ずです。それなのに、B の正答率が A よりも低かったのはなぜでしょう
か？

　その理由として、「学習者が典型的であると感じる母語の表現ほど、
別の言語へ転移されやすい」という説明がされています[12]。言い換えれ
ば、日本語の「借りる」という表現の中には、典型的な用法（＝いかに
も「借りる」っぽい「借りる」）もあれば、典型的でない用法（＝あまり「借
りる」っぽくない「借りる」）もあるということです。そして、典型的
な用法ほど、外国語への転移が起きやすいと指摘されています。

....

11　Tanaka, S., & Abe, H. (1985). Conditions on interlingual semantic transfer. In P.
Larson, E. L. Judd, & D. S. Messershmitt (Eds.), *On TESOL '84: A brave new world
for TESOL* (pp. 101–120). TESOL.

12　Kellerman, E. (1979). Transfer and non-transfer: Where we are now? *Studies in
Second Language Acquisition, 2,* 37–57.

「借りる」の典型的な用法は、「目に見える具体的なものを、その後返却することを前提に一時的に使用させてもらうこと」だと考えられます。「本」は目に見える具体的なものですし、本を借りた後には返却することがふつうです。ですから、「本を借りる」は「借りる」の典型的な用法です。そのため、「本を借りる」を英訳する際に、borrow を使うことに抵抗がなく、英語への転移が起きたと考えられます。

　一方で、「アイデア」は目に見えない、抽象的な概念です。さらに、アイデアを借りた後に返却することは含意されていません。ですから、「アイデアを借りる」はきっと日本語に特有の慣用的な表現で、英語では borrow は使えないだろう、と多くの学習者は感じてしまうのでしょう。そのため、「アイデアを借りる」を英訳してくださいと言われると、borrow を使うことを躊躇してしまい、転移が起きるとは限らないのです [13]。

　borrow the book と borrow the idea の例からわかる通り、日本語から直訳できるからといって、英語への転移が常に起こるわけではありません。「日本語から直訳できない表現は、直訳できるものよりも難しい」というのは一般的な傾向としては指摘できますが、例外もあることに注意しましょう。

■「目 = eye」なのはどれ？
　転移に関する練習問題に挑戦してみましょう。eye は日本語の「目」に対応する英単語ですが、次の表現のうち、そのまま英語に転移（＝直訳）して良いものはどれでしょうか？　転移して正しい英語表現になるものには○、転移すると誤った表現になるものには×を書いてください。

13　もう1つの可能性としては、borrow books（本を借りる）という表現を教科書などで学び、すでに習得している学習者がいたことも考えられます。

■ 3. 比喩的イディオムとは似て非なるコロケーション

	日本語	日本語から直訳した英語表現	答え
1	鳥の目	bird's <u>eye</u>	
2	嵐の目	the <u>eye</u> of a storm	
3	心の目（心眼）	mind's <u>eye</u>	
4	魚の目	fish's <u>eye</u>	
5	魚眼レンズ	fish<u>eye</u> lens	
6	猫目石	cat's-<u>eye</u>	
7	虎目石	tiger's-<u>eye</u>	
8	針の目	needle's <u>eye</u>	
9	日の目を見る	see the <u>eyes</u> of day	
10	目には目を	an <u>eye</u> for an <u>eye</u>	

注) 以下などを元に作成。
　　http://rhymosphere.cocolog-nifty.com/blog/2007/09/post-762d.html

解答

1.　　○

「動物の顔にある物を見る働きをする器官」を指す時に「目」を用いるのは、「目」の典型的な用法です。ですから、○と答えた方が多かったでしょう。英語の eye も同様ですので、正解は○です。なお、a bird's-eye view は「鳥瞰図、俯瞰図、概要」という意味です。

2.　　○

「嵐の目（中心）」は「目」の典型的な用法ではないため、「日本語に特有の慣用句で、英語にはそのまま転移できないだろう」と感じてしまうかもしれません。しかし、「嵐の目」は the eye of a storm と表現できます。よって、正解は○です。the eye of a hurricane「ハリケー

ンの目」などの表現もあります。

3.　　○

こちらも「目」の典型的な用法ではありませんが、「心の目」は
mind's eye と表現できます。よって、正解は○です。in one's
mind's eye で、「心の中で（思い浮かべて）、想像して」という意味の
定型表現です。

4.　　×

足指にできる「魚の目」はそのまま英語に転移できず、corn と言いま
す。よって、正解は×です。fish's eye というと、「うおのめ」ではな
く、「魚の目」という文字通りの意味になります。

5.　　○

「魚眼レンズ」（撮影用の広角レンズ）はそのまま英語に転移して、
fisheye lens ということができます。よって、正解は○です。

6.　　○

「猫目石」（宝石の一種、キャッツアイ；猫の瞳のように光ることから）
は、そのまま cat's-eye と英語に転移できます。よって、正解は○です。
漫画「キャッツ♥アイ」のタイトルは和製英語ではなく、れっきとし
た英語表現だったのですね。

7.　　○

「虎目石」もそのまま転移して、tiger's-eye です。よって、正解は○
です。なお、Eye of the Tiger は米国のロックバンド Survivor の曲で、
映画ロッキーのトレーニングシーンなどで広く知られています。

■ 3. 比喩的イディオムとは似て非なるコロケーション

8. ○

「針の目（穴）」もそのまま needle's eye と英語に転移できます。よって、正解は○です。新約聖書には、It is easier for a camel to go through the eye of a needle, than for a rich man to enter into the kingdom of God.（富める者が神の国に入るよりは、ラクダが針の穴を通る方がたやすい；マタイによる福音書 19 章 24 節）とあります。needle's eye は「わずかなすき間、不可能な企て」という意味でも使われます。

9. ×

「日の目を見る」（世に出る）は英語では see the light of day となり、eye は使用しません。例えば、This invention will never see the light of day.（この発明品は決して日の目を見る事は無いだろう）のように使います。よって、正解は×です。

10. ○

「目には目を」は慣用的な表現ですので、そのまま英語に転移することに抵抗があるかもしれません。しかし、英語でも An eye for an eye, and a tooth for a tooth.（目には目を、歯には歯を）と表現するため、正解は○です。ハンムラビ法典や聖書で使われている表現です。

■ 日本語から直訳できないのに、多くの学習者が知っている表現もある

「目＝eye」の例からわかるとおり、日本語から直訳できるからといって、簡単とは限りません。一方で、日本語から直訳できないのに多くの学習者が知っている表現もあります。例えば、次の表をご覧ください。

100

英語	日本語
take a walk	散歩する
take a shower	シャワーを浴びる
take a test	テストを受ける
take care	注意する
take three hours	3時間かかる
take an umbrella	傘を持っていく
take me	私を連れていく
take a break	休憩する
take a nap	昼寝する
take advantage	利用する

上の表に示した表現は、いずれも不一致コロケーションであり、「とる＝ take」という転移では正しい表現を生み出すことができません。しかし、上に示した表現になじみがある学習者は多いでしょう。教科書に出てきたり、日常生活で使ったりする機会が多いため、習得されたと考えられます。

　すなわち、「日本語から直訳できない表現は、直訳できるものよりも難しい」というのは一般的な傾向としては指摘できますが、日本語から直訳できるのに難しい表現（例：mind's eye［心の目］、fisheye lens［魚眼レンズ］、needle's eye［針の目］）があります。さらに、日本語から直訳できないのに多くの学習者が知っている表現（例：take a walk［散歩する］、take a shower［シャワーを浴びる］、take care［注意する］）もあります。外国語学習とは、母語の知識をそのまま無条件に転移する機械的な作業ではなく、複雑な心の働きによってもたらされるダイナミックなプロセスであることが再認識できます。

101

4 | もう一つのイディオム、コアイディオムとは？

▌コアイディオムとは何か

　2章では比喩的イディオム（例：find [look for] a needle in a haystack「望みのない捜し物をする、むだ骨を折る」、tie the knot「結婚する、結ばれる」）を紹介しました。比喩的イディオムの特徴は、その名の通り、ある状況を別の事柄にたとえていることです。例えば、find [look for] a needle in a haystack という表現は、望みのない捜し物をすることを、干し草の山の中から1本の針を捜し出そうとすることに例えています。

　英語には、比喩的イディオムとは別に、「コアイディオム」（core idioms）と呼ばれるものがあります。比喩的イディオムと同様に、意味の予測可能性が低い（＝構成要素の意味から全体の意味が予測しづらい）という特徴があります。例えば、and what have you は「そしてその他いろいろ、～など」という意味のコアイディオムですが、and / what / have / you という個々の単語から全体の意味を想像するのはきわめて困難です。

◆比喩的イディオムとの違い

　コアイディオムと比喩的イディオムは、いずれも意味の予測可能性が低いという点で共通しています。しかし、両者には違いもあります。それは、比喩的イディオムはなぜそのような意味になるか説明ができますが、コアイディオムではそれが困難という点です。

　例えば、drop the ball は「ボールを落とす」が文字通りの意味ですが、「しくじる、へまをする」という意味の比喩的イディオムです。「球技でボールを落とすことは望ましくないことから、drop the ball は『しくじる』という意味になった」という説明が可能です。つまり、比喩的イディオム

102

は一見意味が予測しづらいように見えますが、その根底となる比喩を理解すれば、意味を合理的に説明できます。

　一方で、and what have you がなぜ「そしてその他いろいろ、〜など」という意味になるのか、理屈で説明するのは難しいでしょう。つまり、比喩的イディオムとは異なり、コアイディオムは根底となる比喩も明らかではないため、意味を丸暗記するしかないのです。

　意味を合理的に説明できないという点で、コアイディオムは非常に厄介です。しかし、英語にはコアイディオムはそれほど多くないという朗報もあり、その数は 100 前後と推定されています[1]。この程度なら、暗記も大きな負担にはならないと言えます。

　イギリス英語における代表的なコアイディオムを以下に示します。

コアイディオム	解説
1. as well (as)	その上、〜だけでなく……も
2. by and large	全体的に
3. so and so	誰かさん、何か　例）Mr. So-and-so 某氏
4. such and such	これこれの　例）on such and such a day これこれの日に
5. out of hand	即座に、きっぱりと、手に余って
6. and what have you	〜そしてその他いろいろ、〜など
7. serve ... right	には当然の報いだ
8. beside oneself	我を忘れて、逆上して
9. out and out	全く、完全に、徹底的に

1　Grant, L. E., & Nation, P. (2006). How many idioms are there in English? *International Journal of Applied Linguistics, 151*, 1–14.

10. pull one's leg	～をからかう *日本語の「足を引っ張る」には「邪魔をする」という比喩的な意味があるが、pull one's leg にそのような意味はない。
11. touch and go	（船が）水底をかすって進む、かろうじて成功する
12. the Big Apple	ニューヨーク市、大都会
13. a piece of cake	楽なこと、ちょろいこと
14. a white elephant	金がかかりすぎるやっかい物、無用の長物
15. and what not	～そしてその他いろいろ、～など
16. So long!	さようなら
17. to a T	正確に、ぴったりと
18. by and by	やがて、まもなく
19. (be) all in	疲れきって、へとへとで、すべて込みで
20. Beat it!	出て行け

注） 以下を元に作成。
Nation, I. S. P. (2022). *Learning vocabulary in another language* (3rd ed.).
Cambridge University Press.

◆境界はあいまい

　比喩的イディオムとコアイディオムは明確に分けられるものではなく、境界はあいまいです。例えば、red herring は「赤いニシン」が文字通りの意味ですが、イディオムとしては「人の注意を他へそらすもの」という意味で用いられます。なぜ「赤いニシン」がこのような意味になるのか説明が困難なので、この表現は比喩的イディオムではなく、コアイディオムに分類されることがあります。

　しかし、由来を調べると、猟犬にキツネと他の物のにおいをかぎ分けさせる訓練に、赤い燻製ニシンを用いたため、red herring が「人の注

意を他へそらすもの」という意味になったことが分かります（*Oxford Dictionary of Idioms*）。つまり、元々は比喩的イディオムだったものが、時代とともに部分と全体の意味の関係が薄れ、現在ではコアイディオムと捉えられるようになったわけです[2]。

　その他、white elephant は「金がかかりすぎるやっかい物、無用の長物」という意味のコアイディオムですが、「白象はタイで神聖視され飼うのに非常に金がかかったため、王が臣下を失脚させるためわざと白象を与えた」（コンパスローズ英和辞典）ために、このような意味になったという説があります。そのため、white elephant もコアイディオムではなく、比喩的イディオムに分類することも可能でしょう。

2　Nation, I. S. P. (2022). *Learning vocabulary in another language* (3rd ed.). Cambridge University Press.

5 二項表現 ―「白黒映画」か「黒白映画」か？―

▌二項表現とは何か

イディオムやコロケーションほどの知名度はないかもしれませんが、二項表現（binomials；「二項熟語表現」とも言う）も定型表現の一種です。二項表現とは、同じ品詞の二つの単語を and / or / but などの接続詞でつなげたフレーズのことです。具体例を次の表に示します。

	and	or	but
名詞	rise and fall （上下、《潮の》干満、盛衰）	friend or foe （敵か味方か）	oldie but goodie （古いけれど好ましいもの）
形容詞	sick and tired （疲れ切って、飽き飽きして）	dead or alive （生きているか死んでいるか）	sad but true （悲しいが本当の）
動詞	wine and dine （〜を豪勢にもてなす、会食する）	make or break （〜の運命を左右する）	run but walk （《Don't 〜で》走るのではなく歩く）
副詞	up and down （上下に、じろじろと）	more or less （大体、多かれ少なかれ）	slowly but surely （ゆっくりだが確実に）

注）その他、前置詞＋接続詞＋前置詞（例：for and against）や、接続詞＋接続詞＋接続詞（例：if and when）のパターンをとる二項表現もあります[1]。
また、little by little（少しずつ）や rags to riches（赤貧から大金持ちに）のように、前置詞（例：by や to）で2つの語が結ばれたフレーズを二項表現に含めるこ

---

1 Mollin, S. (2014). *The irreversibility of English binomials: Corpus, constraints, developments.* John Benjamins.

ともあります[2]。

　二項表現の中には、語順が固定されているものがあります。例えば、back and forth（前後［左右］に、行ったりきたり）、far and wide（あらゆるところに）、done and dusted（完成して、準備完了して）、cease and desist（停止する）は自然ですが、?forth and back、?wide and far、?dusted and done、?desist and cease とは通常言いません。

▌二項表現の順番はどう決まる？

　二項表現の順番は、様々な要因により決まると言われています。具体的には、(1) 時系列、(2) 目立ちやすさ、(3) 単語の長さが挙げられます。

（1）時系列

　二項表現の中には、単語の順番が現実の時系列と対応しているものがあります。例えば、「かくれんぼ」のことを ?seek-and-hide ではなく hide-and-seek と言うのは、隠れて（hide）から探す（seek）という時系列を反映しているからでしょう。その他の例としては、以下が挙げられます。

二項表現	語順の説明
copy and paste	コピーをして（copy）から貼り付ける（paste） →コピーアンドペースト（する）
wait and see	待って（wait）から様子を見る（see） →なりゆきを見る

2　Crystal, D. (2017). *Making sense: The glamorous story of English grammar.* Profile Books.

born and raised (bred)	生まれて (born) から育てられた (raised) →生まれ育った、生粋の
hit and run	衝突して (hit) から逃亡する (run) →ひき逃げ
trial and error	試行 (trial) してから誤る (error) →試行錯誤
production and distribution	生産 (production) してから販売 (dis-tribution) する →生産・販売 (流通)
spring and summer	春 (spring) の後に夏 (summer) が来る →春夏
out and about	外に出て (out) からあちこちへ (about) →動き回って、働けるようになって
show and tell	実物を見せて (show) から説明する (tell) → (生徒に珍しいものを持って来させて説明させる) 発表会、見せてお話
divide and conquer	分割して (divide) から攻略する (conquer) →分割統治 (する)、分断攻略
dine and dash	食事をして (dine) から急いで行く (dash) →無銭飲食 (食い逃げ) をする
drink and drive	飲酒して (drink) から運転する (drive) →飲酒運転する

(2) 目立ちやすさ

　二項表現では、重要なものや目立つものが先に来る傾向があります。例えば、?butter and bread よりも bread and butter (バター付きのパン、生計,本業)の方が一般的なのは、メインはあくまでもパン (bread) であり、バター (butter) は添え物にすぎないからと考えられます。その他の例を

以下に示します。

二項表現	意味	語順の説明
fish and chips	フィッシュアンドチップス	フィッシュがメインで、チップス（フライドポテト）は添え物
day and night	昼も夜も	人間は夜よりも昼に起きていることが多いので、昼の方が重要
suit and tie	スーツとネクタイ	スーツの方が大きいので目立つ
cat and mouse	猫とネズミ、追いつ追われつ	猫の方が大きいので目立つ
horse and buggy	馬と馬車、旧式なもの	無生物である馬車よりも、生物である馬の方が重要
physical and mental	肉体的および精神的	肉体は具体的だが、精神は抽象的
oranges and grapefruit	オレンジとグレープフルーツ	オレンジの方がグレープフルーツよりも一般的な果物
gold and silver	金銀	金の方が銀よりも価値が高い

注） 以下などを元に作成。

Benor, S. B., & Levy, R. (2006). The chicken or the egg? A probabilistic analysis of English binomials. *Language, 82*, 233–278.

（3）単語の長さ

二項表現では、短い単語が先に来る傾向があります。例えば、?pepper and salt（コショウ塩）よりも salt and pepper（塩コショウ）の方が一

般的なのは、salt（1音節）の方が pepper（2音節）よりも短いことが一因と言えます。短い単語が先に来ることで、強弱強弱（タン・タ・タン・タ）の軽快なリズムとなる一方（例：sált and pépper）、長い単語が先に来ると強弱弱強（タン・タ・タ・タン）のややぎこちないリズム（例：pépper and sált）になります。そのため、短い単語が先に来ることが多いようです。その他の例としては、以下があります。

- láw and órder（法と秩序）
- párt and párcel（重要部分）
- mén and wómen（男性と女性）
- fást and fúrious（すごいスピードの［で］、エキサイティングな：映画『ワイルド・スピード』の原題は Fast & Furious）
- úp-and-cóming（新進の、有望な）
- úp and rúnning（作動して、機能して）

注）http://user.keio.ac.jp/~rhotta/hellog/2012-06-08-1.html　などを元に作成。

　単語によっては、二項表現で用いられる際に強勢（stress；強く読まれる部分）の位置が変わるものもあります。例えば、dislike（〜を嫌う、嫌うこと）という単語は通常は /dɪˈslaɪk/ のように発音し、強勢は後半にあります（dislíke）。しかし、likes and dislikes（好き嫌い）という二項表現では、前半に強勢を置き、díslike とします。強勢が後半にあると強弱弱強のややぎこちないリズムになりますが（líkes and dislíkes）、強勢を移動させることで、強弱強弱の軽快なリズムとなる（líkes and díslikes）ことが影響しているのかもしれません（否定の意味を持つ接頭辞 dis- を強調することで、like と dislike という反意語を対比する機能もあるでしょう）。その他、二項表現で強勢の位置が変わるものとしては、dírectly and índirectly（直接にも間接にも、陰になり日なたになり）、fórmal and ínformal（公式および非公式の）などがあります。

　上に挙げた３つの要因の他にも、単語の頻度や母音・子音の種類などが二項表現の順番に影響を与えている可能性も指摘されています[3]。
　また、様々な要因が同時に作用するため、ある二項表現の語順を決める要因を断定するのは困難です。例えば、すでに述べたとおり、?butter and bread よりも bread and butter の方が一般的なのは、メインはあくまでもパン（bread）であり、バター（butter）は添え物にすぎないからと考えられます（要因２：目立ちやすさ）。同時に、bread（１音節）の方が butter（２音節）よりも短いため、bread を先にすることで強弱強弱のリズムとなる（bréad and bútter）ことも影響しているでしょう（要因３：単語の長さ）。

◆英語と日本語で語順が異なる二項表現
　英語と日本語で語順が異なる二項表現もあるため、注意が必要です。例えば、日本語では「白黒映画」と言いますが、英語では ?white-and-black film（白黒映画）よりも、black-and-white film（黒白映画）の方が一般的です。その他の例を以下に示します。

日本語	英語
新郎新婦	bride and groom（新婦新郎）
紳士淑女	ladies and gentlemen（淑女紳士）
需要と供給	supply and demand（供給と需要）
損益	profit and loss（益損）

3　Benor, S. B., & Levy, R. (2006). The chicken or the egg? A probabilistic analysis of English binomials. *Language, 82*, 233–278.

■ 5. 二項表現 ―「白黒映画」か「黒白映画」か？―

南北	north and south（北南）
老いも若きも	young and old（若きも老いも）
貧富	rich and poor（富貧）
生死を問わず	dead or alive（死生を問わず）
衣食	food and clothing（食衣） 注)「衣食住」は food, clothing, and shelter（食衣住）
行ったり来たりする	come and go（来たり行ったりする）
飲食する	eat and drink（食飲する）
前後に	back and forth（後前に）

▌適切な順番を調べる方法

(1) 辞書

　二項表現の自然な語順を知るには、辞書が便利です。英和辞典で調べると、fish and chips（フィッシュアンドチップス）、come and go（行ったり来たりする、ちょっと立ち寄る）、high and low（至る所を、至る所で）などの二項表現は収録されている一方、順番を逆にした?chips and fish、?go and come、?low and high は掲載されていません。このことから、語順を入れ替えた表現はふつう用いられないと推測できます。

　日英語で語順が異なる二項表現に関して、注意を促している辞書もあります。例えば、『ジーニアス英和辞典 第6版』（大修館書店）で supply and demand（供給と需要）を調べると、「英語では日本語と語順が逆」という親切な注意書きがあって有益です。

(2) ウェブサイト

　辞書には紙幅の制約もあり、あらゆる二項表現が収録されているわけではありません。そのため、Netspeak（https://netspeak.org/）などのウェ

ブサイトを使用して、二項表現の適切な語順を調べるのも良いでしょう。例えば、「遅かれ早かれ」は later or sooner と sooner or later のどちらが一般的でしょうか？　Netspeak の検索窓に {later sooner or} と入力し、検索してみましょう（複数の単語を { } の中に入れて検索することで、それらの単語の一般的な順序を確認できます）。すると、以下のような結果が表示されます。

表現	比率
sooner or later	100%
later or sooner	0%
or later sooner	0%
later sooner or	0%

sooner or later が 100% であるのに対して、later or sooner は 0% と表示されています。ここから、sooner or later がより一般的であることがわかります。日本語の「遅かれ早かれ」とは逆ですね。

　Netspeak は二項表現の適切な語順を調べるうえで便利ですが、一度に一つの表現しか検索できないという欠点もあります。複数の二項表現の語順を一度に調べるには、DeepL Write（https://www.deepl.com/write）などの英文添削ツールを使用すると良いでしょう。例えば、次のような文があったとします。

Demand and supply can break or make a business, affecting both loss and profit in the furious and fast world of commerce.

上の文を DeepL Write に貼り付けると、次のように添削してくれました。

■ 5. 二項表現 ―「白黒映画」か「黒白映画」か？―

~~Demand and supply~~ Supply and demand can ~~break or make~~ make or break a business, affecting both ~~loss and profit~~ profit and loss in the ~~furious and fast~~ fast and furious world of commerce.

　元の英文と添削結果を比べると、次のように語順を変更することで、より自然になることがわかります。

demand and supply → supply and demand
break or make → make or break
loss and profit → profit and loss
furious and fast → fast and furious

辞書を引いても情報が得られない二項表現に関しては、Netspeak や DeepL Write などのウェブサイトも合わせて活用すると良いでしょう。

■二項表現の学習法

　比喩的イディオム（2章）やコロケーション（3章）とは異なり、二項表現のほとんどは、意識的に学習する必要はないと言えます。その理由は、二つあります。第1に、語順を間違っても、大きな誤解につながることはまれだからです。すでに述べた通り、二項表現の中には順番が固定されており、自由に入れ替えられないものがあります。例えば、「新郎新婦」は ?groom and bride ではなく bride and groom、「需要と供給」は ?demand and supply ではなく supply and demand といった具合です。

　しかし、bride and groom を ?groom and bride としても、意味が大きく変わることはないため、深刻な誤解につながることはないでしょう（聞

114

き手や読み手は少し戸惑うかもしれませんが)。そのため、二項表現の語順を過度に意識する必要はないと言えます。

意識的に学習する必要がない二つ目の理由は、二項表現の多くが意味を予測しやすい点にあります。例えば、day and night(昼も夜も)、research and development(研究開発)、law and order(法と秩序)などの二項表現は、構成要素の意味から全体の意味を比較的容易に推測できます。そのため、比喩的イディオムなどとは異なり、意識的に学習する必要はありません。

ただし、構成要素の意味から全体の意味を推測するのが難しい二項表現も一部あります。例えば、nuts and bolts は文字通りには「ナットとボルト」ですが、「基本、(機械などの)仕組み」といった比喩的な意味も持ちます。nuts and bolts of cooking と言えば、「料理の基本」という意味です。nuts / and / bolts という個々の単語の意味から、「基本、仕組み」というフレーズ全体の意味を推測するのは困難でしょう。

また、nice and easy, nice and warm, nice and clean などの二項表現では、nice and は very とほぼ同じ意味になり、それぞれ「とてもやさしい」「とても暖かい」「とてもきれい」を表すことがあります(『エースクラウン英和辞典』)。類似した表現としては、good and 形容詞で「とても〜」、try and 動詞で「〜するように努める(≒ try to 動詞)」があります。これらの表現に関しては、比喩的イディオムやコロケーションと同じく、意識的な学習が有益でしょう。

構成要素の意味から全体の意味を推測するのが難しい二項表現の例を、以下に示します。

二項表現	字義的な意味	拡張的・比喩的な意味
bread and butter	パンとバター	生業、本業
hit and miss	命中とはずれ	運任せ

115

■ 5. 二項表現 ―「白黒映画」か「黒白映画」か？―

cat and mouse	猫とネズミ	獲物をもてあそぶこと、追いつ追われつ
carrot and stick	人参とむち	あめとむち
meet and greet	出会いと挨拶	ファンの集い、（空港での）出迎えサービス、個人面談
bed and breakfast	ベッドと朝食	朝食付きの民宿
surf and turf	波と芝生	シーフードとステーキのセット
mom-and-pop	ママとパパの	夫婦経営の、家族経営の、少人数経営の
salt-and-pepper	塩コショウの	白と黒［灰色］のまざった
done and dusted	終わってほこりを拭きとられた	完成して、準備完了して
open and shut	開けて閉じられた	明白な、一目でわかる
Netflix and chill	ネットフリックスを見てくつろぐ	イチャイチャする

■ 時代とともに変化する二項表現

二項表現の中には、時代とともに語順が変化するものもあります。時代的な変化を調べるうえでは、Google Ngram Viewer（https://books.google.com/ngrams/）というウェブサイトが有益です。

例えば、「甥（おい）と姪（めい）」は、nieces and nephews と nephews and nieces のどちらが一般的でしょうか？　Google Ngram Viewer に nieces and nephews, nephews and nieces と入力し、検索してみましょう。すると、以下のようなグラフが表示されます。

116

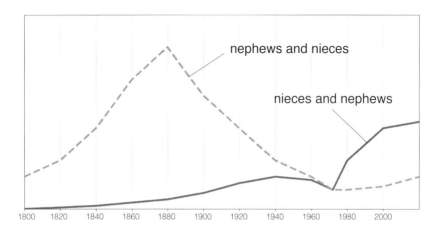

注) Google Ngram Viewer の検索結果を元に筆者が作成したイメージ図。実際の出力結果とは異なります。

1970 年代までは nephews and nieces の方が多く用いられていたものの、それ以降は逆転し、現在は nieces and nephews の使用頻度がやや高いことがわかります[4]。一方で、「紳士淑女」を表す ladies and gentlemen や、「兄弟姉妹」を表す brothers and sisters のように、1800 年代から今まで語順が変わっていない二項表現もあります。

なお、近年では多様性の観点から、ladies and gentlemen や boys and girls などの二項表現は好ましくないとされる傾向にあります。東京ディズニーランドや、ディズニーシーでは、Ladies and gentlemen, boys and girls というアナウンスを 2021 年 3 月から Hello everyone に変更し、話題を呼びました。brothers and sisters の代わりに、男女を区別しない siblings を用いることも増えているようです。

　二項表現は比喩的イディオムやコロケーションに比べるとマイナーで、

---

4 Goldberg, A. E., & Lee, C. (2021). Accessibility and historical change: An emergent cluster led uncles and aunts to become aunts and uncles. *Frontiers in Psychology, 12:662884.*

■ 5.二項表現 —「白黒映画」か「黒白映画」か？—

やや地味な印象がありますが、時代を映す鏡とも言えます。

| コラム |　「パパママ」か「ママパパ」か？

　「父母」「男女」のように、男性と女性を並列する場合、どちらを先にすることが多いでしょうか？　bride and groom（新婦新郎）、ladies and gentlemen（淑女紳士）、nieces and nephews（姪と甥）の例からわかるように、英語では女性を先にすることが珍しくありません。

　一方で、日本語では男性が先で、女性が後に来ることが多いようです。次の表をご覧ください。

日本語		英語	
男性が先	女性が先	男性が先	女性が先
父母	母父	fathers and mothers (51%)	mothers and fathers (49%)
祖父母	祖母父	grandfathers and grandmothers (64%)	grandmothers and grandfathers (36%)
じじばば（おじいちゃんおばあちゃん）	ばばじじ（おばあちゃんおじいちゃん）	grandpas and grandmas (20%)	grandmas and grandpas (80%)
兄弟姉妹	姉妹兄弟	brothers and sisters (91%)	sisters and brothers (9%)
おじおば	おばおじ	uncles and aunts (37%)	aunts and uncles (63%)
甥と姪	姪と甥	nephews and nieces (23%)	nieces and nephews (76%)

118

紳士淑女	淑女紳士	gentlemen and ladies (6%)	ladies and gentlemen (94%)
少年少女	少女少年	boys and girls (85%)	girls and boys (15%)
男女	女男	men and women (88%)	women and men (12%)
新郎新婦	新婦新郎	groom and bride (2%)	bride and groom (97%)

注）網かけしたセルは使用頻度が高いものを示す。

（　　）内は Netspeak（https://netspeak.org/）での使用比率を示す。英語では使用比率が 30% を越える表現を網かけした。

　日本語では女性を先にするケースはほぼないのに対して（例：「父母」「祖父母」「兄弟姉妹」は自然だが、「母父」「祖母父」「姉妹兄弟」はやや不自然）、英語では女性が先にくる表現も珍しくないことがわかります（例：mothers and fathers, grandmas and grandpas, aunts and uncles など）。

　しかし、日本語でも女性が先に来る数少ない例外もあります。それは、「ママパパ」です。「ママパパ」「パパママ」のいずれでも違和感はありませんので、日本語で女性が先に来る珍しいケースといえそうです。

　ちなみに、育児関連の出版物で、両親のことを「ママパパ」と表記していたところ、「ママパパと表記すると、育児は母親が担うべきだという固定観念につながる」とクレームがあったそうです。

　しかし、経緯を調べてみると、実は以前「パパママ」と表記していたところ、「現実的には母親が育児を担うことが多いのに、男性を先に書くのはおかしい」と指摘があり、「ママパパ」という表記にしたのだとか。どちらの語を先にするかという一見些細な話のようですが、実は複雑な問題をはらんでいるようです。

　なお、機械翻訳ソフトウェアをはじめとする AI も、男女の語順

■ 5. 二項表現 —「白黒映画」か「黒白映画」か？—

には敏感なようです。ある機械翻訳ソフトウェアで grandmas and grandpas を和訳すると、次のように出力されます。

第一候補	おじいちゃん、おばあちゃん
その他の候補	おばあちゃんとおじいちゃん おじいちゃんとおばあちゃん おばあちゃん、おじいちゃん

grandmas and grandpas を直訳すると「おばあちゃん、おじいちゃん」になるはずですが、男性を先にした「おじいちゃん、おばあちゃん」が第一候補として表示されます。日本語では「おじいちゃん、おばあちゃん」の方が頻度が高いことを反映しているのでしょう。

6 複合語 ―「黒い板」と「黒板」―

▮ 複合語とは何か

　briefcase（ブリーフケース、書類かばん）、living room（居間）、website（ウェブサイト）、father-in-law（義理の父）のように、複数の単語が組み合わさり、特殊な意味を持つ表現は「複合語」（compounds）と呼ばれます。これらは、表記方法によって、次の3種類に分類できます。

	例
1. 語間にスペースがあるもの	business card（名刺）、double bed（ダブルベッド）、home stretch（最後の追い込み、大詰め）、food chain（食物連鎖）、sleep mode（スリープモード）、slow cooker（緩速調理鍋、スロークッカー）
2. 語間にハイフンがあるもの	black-tie（準正装が必要な）、earthquake-proof（免震の、耐震の）、full-time（常勤の、常勤で）、hard-earned（苦労して得た）、page-turner（[ページを次々にめくりたくなるくらい]面白い本）、talking-to（小言、お目玉）
3. スペースもハイフンもないもの	backpack（リュックサック）、cliffhanger（最後まではらはらさせる物語、大接戦）、deadlock（行き詰まり、～を行き詰まらせる、行き詰まる）、heartwarming（心暖まる、ほほえましい）、middleman（仲買人、仲介者）、spearhead（急先鋒、最先端、～の先頭に立つ）、sugarcoat（～の口当たりをよくする、～の体裁を良くする）

注) 複数の表記方法が可能な複合語もあります。例えば、page-turner（ハイフンあり）は page turner（ハイフンなし）、heartwarming（ハイフンなし）は heart-warming（ハイフンあり）と表記されることもあります。

121

■ 6. 複合語—「黒い板」と「黒板」—

■ 複合語か否かを判断

　ある語句が複合語なのか、単なるフレーズなのか、紛らわしい場合があります。具体例を以下に示します。

フレーズ	複合語
black board（黒い板）	blackboard（黒板）
green house（緑色の家）	greenhouse（温室）
white house（白い家）	White House（ホワイトハウス、米国大統領官邸）

日本語でも「白い紙」「黒い幕」「赤い点」「古い本」は字義どおりのフレーズですが、「白紙」「黒幕」「赤点」「古本」は複合語で、特殊な意味を持つのと似ています。

　複合語かどうかは、以下の 3 つの基準で判断されます[1]。

I. 意味

　通常のフレーズでは、個々の単語から全体の意味が推測しやすいのに対して、複合語では、意味を推測するのが難しいことがあります。例えば、black board は文字通り「黒い板」ですが、複合語の blackboard は「黒板」、すなわち「チョークで文字などを書くための板」を指し、実際は緑色でも blackboard と呼ばれます。その他の例を以下に示します。

複合語	文字通りの意味	複合語としての意味
green light	緑のライト	青信号、許可、認可
red flag	赤い旗	危険信号

1　竝木崇康.（2013）. 第 2 章　形態論.『日英対照　英語学の基礎』（編著）三原健一・高見健一（pp. 31–59）. くろしお出版.

122

white paper	白い紙	白書
yellow pages（または Yellow Pages）	黄色いページ	職業別電話帳
black box	黒い箱	ブラックボックス（内部の構造を知らなくても操作できる機器）、フライトレコーダー
black list（または blacklist）	黒いリスト	ブラックリスト、要注意人物一覧表
short list	短いリスト	最終候補者リスト
darkroom	暗い部屋	（写真の現像や理科の実験などに使う）暗室
lowball	低い球	〜に故意に安い価格を示す、故意に安い（価格）
Oval Office	楕円形のオフィス	（ホワイトハウスにある）大統領執務室
cold war（または Cold War）	冷たい戦争	冷戦
war room	戦争の部屋	作戦本部室、（企業などの）対策本部室
school night	学校の夜	翌日に学校［仕事］がある前の晩
sweet spot	甘い場所	スイートスポット、芯《ラケットやバットなどでボールが最も飛ぶ箇所》、最適な位置

2. 文法

　複合語のもう 1 つの特徴は、文法的な固定度が高いことです。例えば、「暗い部屋」を指す dark room というフレーズでは、**very** dark room（とて

123 ●

■ 6. 複合語─「黒い板」と「黒板」─

も暗い部屋）や darker room（より暗い部屋）のように、1つ目の要素を
very で修飾したり、比較級に変化させたりできます。一方で、darkroom
（暗室）という複合語では、（×）**very** darkroom や（×）dark**er**room の
ように言うことはできません[2]。

3. 発音

　強勢（強く読まれる部分）の位置によって区別できることもあります。
具体的には、複合語の場合は前半部分、通常のフレーズでは後半部分の
単語が強く読まれる場合があります。すなわち、複合語は **black**board,
greenhouse, **White** House（太字は強く読まれる部分を示す）と前半
部分が強く読まれるのに対し、通常のフレーズでは black **board**, green
house, white **house** と後半部分を際立たせます。

　上に示した3つの基準により、複合語かどうかを判断できます。しかし、
複合語とそれ以外との境界はあいまいであり、区別が難しい場合もありま
す。例えば、apple pie（アップルパイ）は通常は複合語とみなされますが、
apple pie と **apple pie** などの発音が存在し、複合語とみなして良いかど
うかは意見が分かれています[3]。

▌複合語の様々な種類

　複合語には様々な種類がありますが、以下が代表的です。

2　竝木崇康. (2013). 第2章　形態論.『日英対照　英語学の基礎』（編著）三原健一・高
見健一 (pp. 31–59). くろしお出版.

3　Taylor, J. R. (2004). *Linguistic categorization* (3rd ed.). Oxford University Press.

パターン	具体例
1. 形容詞 + 名詞	backseat（後部座席）、blueprint（計画、青写真、設計図）、hardcover（堅い表紙の本、ハードカバー）
2. 名詞 + 名詞	blood pressure（血圧）、hay fever（花粉症）、police officer（警察官）、rain forest（熱帯雨林）
3. 名詞 + 形容詞	world-famous（世界的に有名な）、carefree（心配のない、のんきな）、sky-blue（空色の）
4. 名詞 + 動詞 +er（または 動詞 +ing）	taxi driver（タクシー運転手）、breadwinner（一家の稼ぎ手、大黒柱、商売道具）、city planning（都市計画）、deal breaker（取引をやめる要因）
5. 複数の語が対等な関係にあるもの	bittersweet（ほろにがい）、passive-aggressive（受動攻撃性の、消極的な攻撃性を示す；反抗や怒りを直接的には表さず、拒否・先延ばし・沈黙・言い訳・皮肉・不機嫌などで抵抗すること）、singer-songwriter（シンガーソングライター、歌手兼作曲家）

　「4. 名詞 + 動詞 +er（または動詞 +ing）」の多くでは、名詞が動詞の目的語の関係にあります。例えば、taxi driver / breadwinner / city planning では、taxi / bread / city はそれぞれ drive / win / plan の目的語に相当します。

　同時に、それ以外のパターンもあります。具体例を以下に示します。

(a) 動作が行われる場所を名詞が示すもの

複合語	解説	意味
belly landing	胴体（belly）で着陸する（landing）	胴体着陸
skywriting	空中（sky）に書くこと（writing）	（飛行機から発する煙で）空中文字を書くこと、空中文字

125

■ 6. 複合語—「黒い板」と「黒板」—

| sea bathing | 海（sea）で泳ぐこと（bathing） | 《英》海水浴 |
| cave dweller | ほら穴（cave）に住む人（dweller） | （特に先史時代の）穴居人 |

(b) 動作が行われる時を名詞が示すもの

複合語	解説	意味
daydreaming	昼（day）に夢見ること（dreaming）	空想、白昼夢
nightwalker	夜（night）に歩く者（walker）	夜間うろつく者、夜間活動する動物
Sunday driver	日曜日（Sunday）に運転する人（driver）	（不慣れで慎重な運転をする）休日ドライバー
summer visitor	夏（summer）に訪れる人（visitor）	避暑客

(c) 前置詞を補うことで動詞と名詞が結びつくもの

複合語	解説	意味
pressure-cooker	圧力で（with pressure）料理するもの（cooker）	圧力鍋
lead poisoning	鉛による（with lead）中毒（poisoning）	鉛中毒
prize fighter	懸賞のために（for a prize）戦う人（fighter）	プロボクサー、懸賞ボクシング競技者
movie goer	映画に（to movies）行く人（goer）	よく映画を見に行く人、映画ファン

(d) 名詞が所有物を表すもの

複合語	解説	意味
cabin cruiser	客室（cabin）を持ったクルーザー（cruiser）	（居室・調理施設を完備した）クルーザー
motor scooter	モーター（motor）を持ったスクーター（scooter）	モーター付きスクーター

注） 以下を元に作成。
Bauer, L., & Nation, I. S. P. (2020). *English morphology for the language teaching profession.* Routledge.

　複合語の中には、babysit（［～の］子守をする）、sleep-walk（夢遊状態で歩く）、drink-drive（飲酒運転する）、sight-see（観光する）、grandstand（スタンドプレーをする、派手な言動をとる）のように、動詞として用いられるものもあります。これらの複合語は、不定詞や ing 形で使われることが多く、現在時制形や過去時制形で用いるのはあまり一般的ではないと指摘されています。例えば、We went sight-seeing in Paris. は自然ですが、We sight-saw in Paris. はあまり一般的ではありません[4]。

■ 複合語の学習法

　複合語に関する知識は、英語による発信力を高めるために不可欠です。例えば、「掃除機」は vacuum cleaner、「消防車」は fire engine（または fire truck）が一般的な表現です。これらを知らずに、clean machine や fire car のように、勝手に創作した表現を使うと、相手に理解されなかったり、思わぬ誤解につながったりしかねません。

　また、発信に限らず、英語を理解する際にも、複合語の知識は重宝しま

4　Taylor, J. R. (2012). *The mental corpus: How language is represented in the mind.* Oxford University Press.

127

■ 6. 複合語─「黒い板」と「黒板」─

す。例えば、press conference（記者会見）、booster shot（追加のワクチン）、labor union（労働組合）などは、リスニングやリーディングでの正確な内容把握につながるはずです。

　複合語に関する注意点としては、既知の単語から構成されているがゆえに、見逃されやすいことが挙げられます。そのため、文中に複合語があったとしても、複合語だと気づかずに意味を取り違えてしまう恐れがあります。例えば、air / strike / warm / front / heads / up といった基本的な単語でも、それらが組み合わさって複合語になると、意外な意味を持ちます。air strike は「空襲」、warm front は「温暖前線」、heads-up は「警告、注意；機敏な、抜け目のない」といった具合です。なじみのある単語ばかりなのに意味がピンとこない表現は、「もしかしたら複合語では？」と疑い、辞書などで調べてみましょう。

◆百聞は一見にしかず

　複合語の意味を調べる際には、2章でご紹介した「Google 画像検索」（https://images.google.com）が便利です。このウェブサイトは、入力した語句に関連する画像を表示してくれるものです。

　例えば、picket fence という複合語が示すものが、どんな形をしているかご存知でしょうか？ 辞書で調べると、次のように説明されていますが、あまりピンときません。

辞書	picket fence の説明
コンパスローズ英和辞典	《米》くい柵、くい垣
リーダーズ＋プラス	杭垣 ★米ではかつて中産階級の豊かな生活の象徴とされた
新英和大辞典	杭垣《横木に間隔を置いてとがった杭を打ちつけた塀・柵》

新英和中辞典	くい垣、くいさく

Google 画像検索に picket fence と入力し、検索してみましょう。picket fence の実物が多数表示され、どんなものかが一目瞭然です。「百聞は一見にしかず」（Seeing is believing.）ということわざの通り、辞書で調べるよりも、画像検索をした方が手っ取り早い場合もあります。

◆クイズ：複合語の意味を調べよう
　以下の複合語がどのような意味か、辞書や Google 画像検索で調べてみましょう。

1. cupboard
2. courtroom
3. Scotch tape
4. packing peanut
5. power station
6. the Milky Way
7. straw hat
8. bow tie
9. tug-of-war
10. construction paper
11. goose bumps
12. shelf life
13. tunnel vision
14. window dressing
15. sticker price
16. fine print
17. watertight

■ 6. 複合語—「黒い板」と「黒板」—

18. brown bag

19. half measure

20. sweet tooth

解答

複合語	意味
1. cupboard	食器棚
2. courtroom	法廷
3. Scotch tape	スコッチテープ（セロテープの商品名）
4. packing peanut	（ピーナッツのような形をした）緩衝材
5. power station	発電所（= power plant）
6. the Milky Way	天の川、銀河
7. straw hat	麦わら帽子
8. bow tie	蝶ネクタイ
9. tug-of-war	綱引き、主導権争い、決戦、激戦
10. construction paper	工作用紙、色画用紙
11. goose bumps	鳥肌
12. shelf life	有効保存期間、棚持ち、有効期間
13. tunnel vision	視野狭窄症、考えの狭いこと、狭量
14. window dressing	（ショーウインドーの）飾りつけ、体裁づくり、粉飾
15. sticker price	《米》（新車の）メーカー希望小売価格
16. fine print	細字部分、細則《英》small print
17. watertight	防水の；すきのない、完ぺきな

130

18. brown bag	《米略式》（茶色の紙袋などに入れた）弁当
19. half measure	中途半端な手段
20. sweet tooth	甘い物が好きなこと * have (got) a sweet tooth で「甘党である」という意味。

　1 ～ 11 に関しては、辞書だけでなく Google 画像検索（https://images.google.com）も有用です。Google 画像検索に cupboard や courtroom と入力し、検索してみましょう。

▌複合語の時代変化を調べる

　複合語の中には、時代とともに変化するものがあります。代表的なものは、policeman / salesman / chairman / fireman など、man を含む複合語です。これらの複合語は、今日では次のような男女の区別をしない表現が適切とされます。

意味	man を含む複合語	より適切とされる表現
警察官	policeman	police officer
販売員	salesman	sales clerk / sales representative;（複数）sales staff
議長	chairman	chairperson / chair
消防士	fireman	firefighter
郵便配達人	mailman	mail carrier / postal worker
1年生、新入生	freshman	first-year student
素人	layman	layperson / non-specialist

| マンホール | manhole | utility hole / sewer hole |

注）以下などを元に作成。
https://www.unescwa.org/sites/default/files/services/doc/guidelines_gender-sensitive_language_e-a.pdf

　このような変化の背景には、1970〜80年代にかけて広まった性別・人種などによる差別廃止を目指すpolitical correctness（政治的正当性；PC）の考えがあります。日本語でも「看護婦」が「看護師」に、「保母」が「保育士」に置き換えられました。

　複合語の時代変化を調べる際には、辞書が有用です。例えば、『コンパスローズ英和辞典』（研究社）でfreshman（1年生、新入生）を引くと、「女子学生にも用いるが、性差別を避けたfirst-year studentを用いることもある」と注意書きがあり、参考になります。

　さらに、5章で取り上げたGoogle Ngram Viewer（https://books.google.com/ngrams/）も活用できます。例えば、Google Ngram Viewerにstewardesses, flight attendantsと入力し、検索します。すると、以下のようなグラフが表示されます。

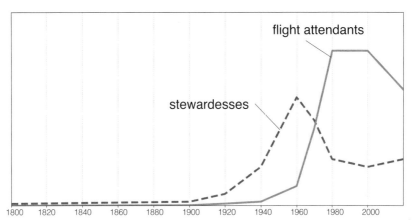

注）Google Ngram Viewerの検索結果を元に筆者が作成したイメージ図。実際の出力結果とは異なります。

1970 年代までは stewardesses の使用頻度が高かったものの、それ以降は逆転し、現在では flight attendants という複合語の方が一般的であることがわかります。steward<u>ess</u> / waitr<u>ess</u> / actr<u>ess</u> / princ<u>ess</u> などにつく -ess は、女性を示す名詞語尾で、差別的と見なされることがあるからと推測できます。一方で、「差別的な言葉を使わなくなったからといって、差別がなくなるわけではないため、状況は一向に改善していない」という指摘もあります。

　なお、Google Ngram Viewer では、単語の後に _INF をつけることで、ある単語の活用形をすべて検索対象とすることができます。例えば、

　　stewardess_INF, flight attendant_INF

と入力して検索すると、単数形の stewardess と flight attendant に加えて、複数形の stewardesses と flight attendants も合わせて検索できます。_INF をつけて検索することで、複数形の stewardesses と flight attendants で見られた逆転現象は、単数形の stewardess と flight attendant でも見られることがわかります。

　なお、日本語でもスチュワーデスの代わりに CA（cabin attendant）という表現が定着して久しいため、最近の大学生の中には「スチュワーデス」と言われても何のことか理解できない人もいるそうです。「スチュワーデス物語」などのテレビドラマに親しんだ世代としては、隔世の感がありますね。

■ 6. 複合語―「黒い板」と「黒板」―

|コラム| 紙の辞書か、電子辞書か？

　「紙の辞書と電子辞書、どちらを使うべきか？」というのは、根強い論争の1つです（ここでは、スマホの辞書アプリやオンライン辞書など、電子媒体上の辞書をすべて「電子辞書」と呼びます）。以前ある大学で、分厚い紙の辞書を持ち歩いている学生を見かけたので、電子辞書を使わないのか尋ねてみたところ、「電子辞書だと単語が記憶に定着しないので、紙の辞書を使うようにゼミの先生に言われている」という答えが返ってきました。

　紙の辞書と電子辞書のどちらが語彙学習を促進するかを比較した研究は、以前盛んに行われていました。その結果、電子辞書の方が検索にかかる時間は短いものの、単語の定着率に関してはどちらの方が優れていると断言できるほどの証拠は得られていないようです[5]。

　近年では、紙の辞書・電子辞書ともに利点と欠点があるため、目的に応じて両者を使い分けることが推奨されています。紙辞書のすぐれている点は、一覧性が高いことです。また、付箋をつけたり、ハイライトしたり、書き込みをしたりすることも容易にできます。さらに、ある単語を調べている際に、周辺にある興味深い単語が偶然見つかるなど、幸運な出会い（serendipity）に恵まれることもあるでしょう。

　一方で、電子辞書のすぐれている点は、検索が容易なことです。-tionで終わる単語を検索するなど、紙の辞書では実現困難な検索も簡単に行えます。また、単語の発音を実際に聞くことができるため、発音記号に馴染みがない学習者にも有益です。

■ 定型表現を簡単に検索できる辞書アプリ

　定型表現を検索する上でも、電子辞書は有益です。例えば、cost [charge, pay] an arm and a leg は「法外な金がかかる［を請求する、

5　望月正道・投野由紀夫・相沢一美. (2003).『英語語彙の指導マニュアル』大修館書店.

支払う]」という意味の比喩的イディオムですが、このイディオムについて紙の辞書で調べる際には、どの単語で引けば良いでしょうか？ cost でしょうか？　charge や pay でしょうか？　あるいは、arm でしょうか？

　紙の辞書で調べる際には、まず cost で調べ、掲載されていなければ次に charge を調べて……、という作業を複数回繰り返さねばなりません。一方で、電子辞書であれば、arm and leg と入力すれば、cost an arm and a leg, charge an arm and a leg, pay an arm and a leg など、arm and leg が含まれた複数の項目が一度にヒットするため、目的の定型表現にすばやくたどり着くことができます。

　参考までに、筆者は物書堂の辞書アプリ（https://www.monokakido.jp/ja/dictionaries/app/）を愛用しています。このアプリの優れている点は、複数の辞書を同時に検索できることです。例えば、研究社の『新英和大辞典』『コンパスローズ英和辞典』、大修館書店の『ジーニアス英和辞典』、三省堂の『ウィズダム英和辞典』、旺文社の『オーレックス英和辞典』、小学館の『エースクラウン英和辞典』など、様々な出版社の辞書が同時に引き比べでき、辞書マニアにとってはまさに垂涎ものです。三省堂の『クラウン英語イディオム辞典』や『クラウン英語句動詞辞典』など、定型表現に特化したコンテンツもあります。また、研究社の『新編英和活用大辞典』には、多くのコロケーションが掲載されています。

　物書堂の辞書アプリで「用例」タブをクリックすると、ある定型表現が含まれた用例を全て検索することもできます。例えば、out of touch と入力して「用例」タブをクリックすると、She is out of touch with reality.（彼女は現実［実情］にうとい）という用例がヒットします。この用例は out of touch の項ではなく、reality の項に収録されていますので、紙の辞書で out of touch のページしか検索していなかったら、出会えなかったことでしょう。

　また、「用例」タブを使えば、見出し語や成句としては収録されてい

ないものの、用例として掲載されている定型表現も検索できます。例えば、**break a barrier** は「壁を破る」という意味の定型表現ですが、一般的な英和辞典には見出し語や成句としては掲載されていません。

一方で、「用例」タブをクリックして break barrier で検索すると、『コンパスローズ英和辞典』『ジーニアス英和辞典』『ウィズダム英和辞典』『オーレックス英和辞典』など、複数の英和辞典で break a barrier の用例が見つかります。

用例検索を行うことで、見出し語や成句としては立項されていないものの、用例として収録されている定型表現が検索できます。このような検索の柔軟性は、紙の辞書にはない電子辞書ならではの利点です。

なお、物書堂の辞書アプリは無料ですが、それぞれの辞書コンテンツは有料（アプリ内課金が必要）であることに注意してください。iOS および Mac に対応しているため、購入したコンテンツは複数のデバイス（例：iPhone、iPad、Mac）で利用できます。

7 おなじみの動詞が意外な意味になる句動詞

▌句動詞とは何か

pick up（〜を拾い上げる、〜を迎えに行く、〜を習得する）、turn down（〜を断る、〜を小さくする、〜を下げる）、come across（〜に偶然出くわす）のように、動詞＋不変化詞（particles; 副詞または前置詞）から構成され、比喩的な意味を持つ定型表現は、「句動詞」（phrasal verbs）と呼ばれます。句動詞には以下の３つのパターンがあります。

---

1. 動詞＋前置詞

例）

She runs into technical issues with her computer often.

（彼女はたびたびコンピューターの技術的な問題にぶつかる）

Let's go for the blue paint for the living room.

（リビングのペンキは青にしよう）

2. 動詞＋副詞

例）

She's excited to show her new dress off at the party.

（彼女はパーティーで新しいドレスを披露するのを楽しみにしている）

Under pressure, he caved in and agreed to their demands.

（プレッシャーを感じて、彼は屈服し、彼らの要求に同意した）

3. 動詞＋副詞＋前置詞

例）

137

■ 7. おなじみの動詞が意外な意味になる句動詞

I don't want to go on about my problems too much.

（私は自分の問題についてあまり話したくありません）

Paul is someone I look up to.

（ポールは私が尊敬する人です）

注） 以下を元に作成。

Wood, D. (2020). Categorizing and identifying formulaic language. In S. Webb (Ed.), *Routledge handbook of vocabulary studies* (pp. 30–45). Routledge.

　句動詞にはさまざまな定義がありますが、厳密には次の三つの条件を全て満たすものを句動詞と言います。

1. 比喩的な意味を持ち、構成要素の意味からフレーズ全体の意味を想像するのが困難である。
   - 例えば、put up with は「〜を我慢する」という意味だが、put / up / with という構成要素の意味からフレーズ全体の意味を想像するのは難しい。
   - 一方で、listen to（〜に耳を傾ける）、look at（〜を見る）、talk about（〜について話す）では、構成要素の意味からフレーズ全体の意味を想像しやすいため、これらは句動詞ではない。

2. 動詞と不変化詞の間に、副詞を挿入できない。
   - 例えば、（×）come slowly across や（×）turn quickly down のように言うことはできないため、come across や turn down はこの条件を満たす。
   - 一方で、listen closely to や look carefully at と言うことはできるため、listen to や look at は句動詞ではない。

138

3. 不変化詞を文の先頭に置くことができない。

- 例えば、（×）**Across** a large sum of money he **came**. や（×）**Down** the proposal he **turned**. とは通常言わないため、come across や turn down はこの条件を満たす。
- 一方で、**In** he **came**. や **About** what did he **talk**? と言うことはできるため、come in や talk about は句動詞ではない。

注） 以下を元に作成。

Liu, D. (2008). *Idioms: Description, comprehension, acquisition, and pedagogy.* Routledge.

　厳密には条件１〜３すべてを満たすものを句動詞とみなします。しかし、条件２・３は複雑であるため、意識する必要はないでしょう。「動詞と副詞・前置詞から構成され、意味が推測しづらいフレーズ」という大まかな理解さえしておけば、学習に支障はないと考えられます。

▌ 難しい三つの理由

　英語の母語話者は句動詞を頻繁に使う傾向がありますが、学習者にとって習得は容易ではありません。その理由は三つあります。第１の理由は、一つの動詞を含む多様な句動詞があることです。例えば、go という動詞には、次のような様々な句動詞があり、学習を困難にしています。

句動詞	意味
go on	進む、起こる
go back	戻る
go out	外出する、付き合う
go down	下がる、降りる

go ahead	進める、先へ進む
go up	上がる
go in	中に入る
go away	立ち去る、（消えて）なくなる
go over	～を検討する、～を調べる
go off	立ち去る、鳴り響く、爆発する
go into	～の中に入る、～を始める、～を話題にする、～を（詳しく）調べる
go through	通り抜ける、～を経験する、～を詳細に調べる

　不変化詞を間違うと、思わぬ誤解につながることがあります。以下は、テレビドラマ The West Wing より、ホワイトハウス広報部次長のサム・シーボーン氏と、ロシア側の担当者ニコライ・イヴァノヴィッチ氏との会話です。イヴァノヴィッチ氏は、英語での会話はほぼ問題ないものの、慣用表現はあまり得意ではないという設定です。

Seaborn: We've agreed to a consecutive translation?
（逐次通訳ということになっていましたね？）

Ivanovich: Yes.
（そうです）

Seaborn: I'd like to change that to a simultaneous translation.
（同時通訳に変更を希望します）

—中略—

Ivanovich: We'll pass that over.
（pass over します［省きます］）

Seaborn: I'm sorry, "pass it on"?
（ええと、pass on［伝える］で良いですか？）

Ivanovich: Yes.

（そうです）

Seaborn: I'm sorry, it's just that one is good and one is bad.

（すみません。片方は良い意味で、もう片方は悪い意味になるので）

（The West Wing シーズン 3 エピソード 19 より）

イヴァノヴィッチ氏は、「要望を担当者に伝えます（pass on）」と言いたかったようですが、間違って pass over と言ってしまいました。pass over には「〜を省く」という意味もあるため、それを聞いたシーボーン氏が戸惑っているシーンです。このように、不変化詞を間違うと、意味が変わってしまい、思わぬ誤解につながることがあります[1]。

二つ目の理由は、句動詞の多義性、すなわち、一つの句動詞に複数の意味があることです。例えば、go on という句動詞を辞書で調べると、次のように 10 近くの意味が挙げられています。

go on：進む、しゃべり続ける、続く、起こる、（明かりなどが）つく、経過する、（仕事などがうまく）進む、出演する、補欠で出る

一つの句動詞が、一見関連がない複数の意味を持つことも句動詞習得のハードルを高くしています。英語で最も使用頻度が高い 100 の句動詞を分析した研究では、一つの句動詞が平均して 5.6 の意味を持つことが示されています[2]。

三つ目の理由は、語順に関するルールが難しいことです。例えば、「〜

1　なお、このエピソードでは、定型表現が得意でないはずのイヴァノヴィッチ氏が stem the tide「流れを食い止める」などの表現を使ったことが物語後半のキーとなります。英語定型表現という観点からも興味深いエピソードです。

2　Gardner, D., & Davies, M. (2007). Pointing out frequent phrasal verbs: A corpus-based analysis. *TESOL Quarterly, 41*, 339–359.

141

を見つける、〜を調べる」という意味の句動詞 look up では、「look +
up + 目的語」と「look + 目的語 + up」のどちらのパターンも可能です（例：
look up the word と look the word up のどちらも可能）。一方で、「〜の
世話をする、〜の面倒をみる」という意味の look after は、「look + after
+ 目的語」という語順のみが許容され、「look + 目的語 + after」と言うこ
とはできません（例：look after a baby は可能だが、look a baby after
は不可）。

| look up | ○ look + up + 目的語
例）look up the word | ○ look + 目的語 + up
例）look the word up |
| look after | ○ look + after + 目的語
例）look after a baby | × look + 目的語 + after
例）look a baby after |

このように語順に関する複雑なルールがあるため、英語上級者にとっても
句動詞を使いこなすのは難しいのです。

■ どこまで習熟すべきか？

　様々な意味があり、語順に関するルールも複雑な句動詞は、英語学習者
にとって厄介です。しかし、英語を外国語として学ぶ我々が無理して句動
詞を使う必要はありません。例えば、find out, come back, put off, point
out などの句動詞を知らなくても、以下のような表現で言い換え（パラフ
レーズ）をすれば、ほぼ同じ意味が伝えられます。

句動詞	言い換え表現
go on（起こる）	happen or take place
come back（戻る）	return

find out（〜を発見する、〜について知る）	discover; obtain knowledge of ...
point out（〜を指摘する）	indicate; direct attention toward
set up（〜を設立する）	establish or create
take on（〜を引き受ける；性質・意味・色・形などを帯びる）	undertake or handle; acquire or assume as one's own
show up（姿を現す）	appear
look into（〜を調査する）	investigate
put off（〜を延期する）	postpone
put up with（〜を我慢する）	tolerate

とは言え、映画・テレビ番組・会話などの話し言葉や、メール・小説・雑誌などの書き言葉も含め、英語話者は多くの句動詞を使います（平均的な英語の書籍では、1 ページあたり句動詞が 2 回出てくるという推計もあります）[3]。そのため、リスニングやリーディングで遭遇した際に、意味が理解できるようにしておくことは有益でしょう。

　つまり、句動詞に関して産出知識（productive knowledge：スピーキングやライティングで自分から使える知識）を持つ必要はありませんが、受容知識（receptive knowledge：リスニングやリーディングで理解できる知識）はつけておいた方が良い、ということです。

　それでは、句動詞を習得するためのコツはあるのでしょうか？　句動詞の効果的な学習法を以下に紹介します。

3　Gardner, D., & Davies, M. (2007). Pointing out frequent phrasal verbs: A corpus-based analysis. *TESOL Quarterly, 41*, 339–359.

■ 7.おなじみの動詞が意外な意味になる句動詞

▌句動詞の学習法①：動詞を起点に攻略する

　すでに述べたとおり、句動詞の中には共通の動詞を含むものが多くあります。例えば、go を含む句動詞には、go down（下がる、降りる）、go up（上がる）、go in（中に入る）、go off（立ち去る、鳴り響く、爆発する）、go on（起こる）、go out（外出する、付き合う）などがあります。

　これらの句動詞は、共通して含まれる動詞 go を軸として学習できます。『E ゲート英和辞典』（ベネッセ）は、go の中心的な意味（コア・ミーニング）は「視点が置かれているところから離れて行く」と述べています。

　この go の持つイメージと、不変化詞の意味を組み合わせることで、以下のように、go を含む様々な句動詞の意味が理解できるヒントが得られます。

句動詞	説明
go on	go（行く）+ on（連続して）⇒連続して行く⇒続ける、起こる
go back	go（行く）+ back（後ろに）⇒後ろへ行く⇒戻る
go out	go（行く）+ out（外へ）⇒外へ行く⇒外出する、付き合う
go down	go（行く）+ down（下に）⇒下に行く⇒下がる、降りる
go ahead	go（行く）+ ahead（前へ）⇒前へ行く⇒進める、先へ進む
go up	go（行く）+ up（上へ）⇒上に行く⇒上がる
go in	go（行く）+ in（中へ）⇒中に行く⇒中に入る
go away	go（行く）+ away（離れて）⇒遠くへ行く⇒立ち去る、（消えて）なくなる
go over	go（行く）+ over（覆って）⇒覆うように初めから終わりまで行く⇒～を検討する、～を調べる
go off	go（行く）+ off（離れて）⇒離れて行く⇒立ち去る、鳴り響く、爆発する

144

go into	go（行く）+ into（中へ）⇒中へ行く⇒～の中に入る、～を始める、～を話題にする、～を（詳しく）調べる
go through	go（行く）+ through（通り抜けて）⇒～を通り抜けて行く⇒（～を）通り抜ける、成立する、～を経験する、～を詳細に調べる

▌句動詞の学習法②：不変化詞を起点に攻略する

　共通する動詞ではなく、不変化詞（副詞や前置詞）を軸に覚えられる句動詞もあります。例えば、clean up（～を一掃する）、drink up（～を飲みつくす）、eat up（～を食べつくす）、fill up（～をいっぱいに満たす）、use up（～を使いつくす）など、up を含む句動詞の多くは「～しつくす」という意味を持ちます。これらは、共通する up を起点に学習すると効率的です。

　その他、共通する不変化詞をもとに覚えられる句動詞の例を以下に示します。

不変化詞	句動詞
down （削減）	bring down（～を下げる、降ろす、打ち倒す）、calm down（～を静める、静まる）、cut down（～の数・量を減らす）、narrow down（～を狭める、絞る）、slow down（[～の]速度を落とす）
on （継続）	carry on（～し続ける）、go on（続ける）、hang on（しがみつく、事をたゆまずやる、<電話を>切らずにおく）、hold on（続けていく、つかまっている、踏みとどまる）、move on（どんどん進む）

145

■ 7. おなじみの動詞が意外な意味になる句動詞

through （徹底的 に）	look through（〜をよく調べる）、follow through（〜を最後までやり通す、最後までやり抜く）、go through（〜を詳細に調べる）、read through（〜を注意して終わりまで読む）、sit through（〜の終わりまでいる）

注) *Oxford phrasal verbs dictionary: For learners of English* (Oxford University Press) などを元に作成。

不変化詞を起点に句動詞を覚えるうえでは、『句動詞のトレーニング：「普段着の英語」を身につけよう！』（大修館書店）などの書籍が有益です。

▌句動詞の学習法③：複数の意味を攻略する

句動詞が難しいもう一つの理由に、多義性（一つの句動詞に様々な意味があること）があります。例えば、辞書で take off という句動詞を調べると、「脱ぐ、はずす、取りはずす、割り引く、切断する」など、15 近くの意味が載っています。しかし、これらすべてを暗記する必要はありません。なぜなら、take off の中心的な意味（コア・ミーニング）である「あるところから離れさせる、離れる」を元に、次のように関連するほとんどの意味が説明できるからです。

- take off shoes ⇒靴を体から離れさせる⇒靴を脱ぐ
- take off a ring ⇒指輪を体から離れさせる⇒指輪を外す
- take ¥1,000 off ⇒ 1,000 円を離れさせる⇒ 1,000 円割り引く
- take a day off ⇒ 1 日を離れさせる⇒ 1 日休む
- take off in a car ⇒車で離れていく⇒車で出かける
- The plane takes off at 1pm. ⇒飛行機が陸から離れる⇒飛行機が離陸する

句動詞の中心的な意味をつかむことで、様々な意味を体系的・効率的に習

得できます。

句動詞学習に役立つ教材①：
インターネット上の無料教材を活用

　英語には 8,000 近くの句動詞があると言われています[4]。しかし、これらをすべて覚える必要はなく、重要なものだけを厳選するのが効率的です。重要度を判断する一つの基準に、使用頻度があります。つまり、めったに使われないマニアックな句動詞よりも、書き言葉や話し言葉で遭遇する可能性が高い表現を優先して学んだ方が良いということです。

　お勧めなのが、150 の句動詞が頻度順に掲載されている、PHaVE List（PHrasal VErb Pedagogical List: https://www.norbertschmitt.co.uk/vocabulary-resources）です。

　このリストの便利な点は、収録された句動詞それぞれに関して、使用頻度の高い意味のみが掲載されていることです。例えば、句動詞 turn out を英和辞典で調べると、「〜を消す、〜を作り出す、〜を追い払う、〜に服を着せる、〜を空にする、〜を外側に向ける、〜を集める、〜であることがわかる、出かける、ベッドから出る、外側に向く」など、10 以上の意味が見つかり、どれを覚えるべきか迷ってしまうことでしょう。

　一方、PHaVE List で turn out を調べると、「〜だとわかる」という意味しか載っていません。turn out には上述したような複数の意味がありますが、「〜だとわかる」という意味で使用される場合が大半（91%）だからです。

　PHaVE List のさらに優れた点は、句動詞ごとに例文が収録されていることです。それぞれの句動詞をどのような文脈で使用すれば良いかもわかって有益です。

　また、以下の web サイトでは、句動詞に関する練習問題を解くことが

4　Liu, D. (2011). The most frequently used English phrasal verbs in American and British English: A multicorpus examination. *TESOL Quarterly*, *45*, 661–688.

■ 7. おなじみの動詞が意外な意味になる句動詞

できます。

https://springsenglish.online/learnPhrasalVerbs/

「Study Phrasal Verbs By Verb」を選ぶと、同じ動詞（例：get, put, take）を含む句動詞をまとめて学習できます（p.144, 句動詞の学習法①：動詞を起点に攻略する）。また、「Study Phrasal Verbs By Particle」を選ぶと、同じ不変化詞（例：in, on, through）を含む句動詞をまとめて学習できます（p.145, 句動詞の学習法②：不変化詞を起点に攻略する）。

▌句動詞学習に役立つ教材②：市販の教材を活用

PHaVE List は非常に便利ですが、句動詞の意味を含めた解説がすべて英語で書かれているため、理解するには一定の英語力が必要です。ハードルが高いと感じる場合は、市販の句動詞教材を利用しましょう。例えば、『英語はもっと句動詞で話そう』（語研）には、PHaVE List 収録の句動詞150 を含む、計 400 の句動詞が収録されています。優先して学ぶべき特に重要な句動詞は、「150」というアイコン（印）で明示されています。

この書籍のもう一つ優れた点は、句動詞ごとに語順に関するルールが明記されていることです。例えば、「〜を身につける」という意味の句動詞put on には、「分離 OK」と書かれています。これは、「put ＋ on ＋目的語」と「put ＋目的語＋ on」というどちらのパターンも可能である（例：**put on** some clothes / **put** some clothes **on**）ことを意味します。

一方で、「〜に乗車する」という意味の get on には、「分離 NG」と書かれています。これは、「get ＋ on ＋目的語」という語順のみが許容され、「get ＋目的語＋ on」のように get と on を離すことはできない（例：「電車に乗る」という意味で **get on** the train は可だが、**get** the train **on** は不可である）ことを意味します。句動詞の正しい語順に迷った時に便利です。

148

句動詞の意味を視覚面から習得するなら、『英熟語図鑑』（かんき出版）が有益です。この教材では、句動詞の意味がイラスト化されていて、意味を直感的に理解するのに役立ちます。

8 | 文の骨組みとなる構文

■構文とは何か

It is time 構文（もうそろそろ〜しても良いころだ）や、so that 構文（とても〜なので…）、クジラ構文（A is no more B than C is B：C が B でないのと同様に A は B でない）など、学生時代に多くの方が習った構文（constructions）も、定型表現の一種です。

構文の中には、意味の予測性が高いものと低いものがあります。「意味の予測性が高い」構文とは、not only A but also B（A だけでなく B も）、What about X（X はどうですか？）、X waiting to happen（いつ起きてもおかしくない X）、There is more to A than B（A には B 以上のものがある）のように、構成要素から全体の意味が予測しやすいものを指します。

一方、「意味の予測性が低い」構文とは、個々の単語の意味から構文全体の意味が予測しづらいものです。例えば、The 比較級 , the 比較級は「〜すればするほど、…だ」という意味です。The sooner, the better. なら、「早ければ早いほど良い」、The bigger, the better. は「大きければ大きいほど良い」という意味になります。しかし、なぜこのような意味になるのか予測するのは容易ではありません。

■様々に応用できる way 構文

広く知られた構文に、way 構文があります。「動詞 + one's way +前置詞句」のパターンをとり、「〜しながら移動する、なんとか〜をやりとげる」が基本的な意味です。この構文でよく使われる動詞には、以下があります[1]。

---

1 Stubbs, M. (2002). *Words and phrases: Corpus studies of lexical semantics.* Blackwell.

	意味
make one's way	（苦労して）進む、前進する
find one's way	何とかして行く、努力して進む
work one's way	（働きながら）苦労して進む
fight one's way	戦いながら前進する、奮闘して進む
push one's way	押しのけて［かきわけて］進む
pick one's way	道を選びながら［慎重に］進む
feel one's way	手探りで進む
thread one's way	縫うようにして進む
force one's way	無理やり進む

way 構文は使用頻度が高く、100 万語あたり約 100 回のペースで使われます[2]。一般的な英語の書籍は、1 ページあたり 300 語程度ですので、33 ページに 1 回の割合で使用される計算です（1,000,000 / 100 / 300 = 33.3）。

way 構文では、way の後に through / back / across / into / to などが続くことが多くあります（特に through と back の頻度が高いと指摘されています）[3]。具体例を挙げると、以下の通りです。

The entrepreneur **negotiated her way through** numerous meetings to secure funding for her startup.
（その起業家は、創業の資金を確保するため、数多くのミーティングを通じて交渉を進めた）

---

2 Stubbs, M. (2002). *Words and phrases: Corpus studies of lexical semantics.* Blackwell.

3 Stubbs, M. (2002). *Words and phrases: Corpus studies of lexical semantics.* Blackwell.

■ 8. 文の骨組みとなる構文

The soldier **fought his way back to** friendly lines after being separated from the unit.

（その兵士は部隊から離れた後、戦いながら味方の陣地まで戻った）

The thief **snuck their way into** the museum after hours.

（その泥棒は閉館後に博物館に忍び込んだ）

She **talked her way into** an internship at a major consulting firm.

（彼女は言葉巧みに説得して、大手コンサルティング会社でのインターンシップにありついた）

He had gotten himself into a lot of debt, but he **worked his way out of** it.

（彼は多額の借金を背負うことになったが、働きながら何とか切り抜けた）

way 構文で興味深いのは、通常は way を目的語にはとらない動詞が使われることです[4]。次の例文を見てみましょう。

The spy had to **lie his way past** the guards to gain access to the classified documents.

（そのスパイは機密文書を入手するために、警備員を欺いて通り過ぎなければならなかった）

lie は目的語を伴わず、自動詞として使われる場合が大半です。しかし、way 構文においては lie one' way （うそを言って入っていく、逃れる）のように使われ、他動詞としてふるまいます。

また、次のような用法もあります。

4　Taylor, J. R. (2012). *The mental corpus: How language is represented in the mind.* Oxford University Press.

152

The billionaire decided to **spend his way** into high society, purchasing expensive art and donating generously to prestigious museums.

（その億万長者は、お金を使って上流社会に入りこむことを決め、高価な芸術品を購入し、一流の博物館に惜しみなく寄付した）

spend は他動詞ですが、ふつうは時間・金銭・労力を表す名詞（例：time, year, money, career）を目的語にとり、way を目的語にとることはありません。しかし、way 構文では上のように way を目的語にとります。構文に単語をあてはめることで、その単語が通常持つ制約を越えて、創造的に使用されると言って良いでしょう。

ソーシャルメディア（SNS）では、以下のような用例も見つかります。

She **Britta'd her way into** our heart. Happy birthday Gillian Jacobs!
（https://x.com/communitytv/status/1847699233547190637?s=46&t=Xb_RV2cHQ8pPve3U0oXuSw を元に一部修正）

アメリカのテレビ番組 The Community（邦題は「コミ・カレ!!」）で Britta 役を演じた女優、ギリアン・ジェイコブスの誕生日を祝福する投稿です。

Britta は固有名詞（人名）であり動詞ではありませんが、way 構文にあてはめることで、あたかも動詞のようにふるまっており、この構文の生産性の高さがうかがえます。

■ユニークな Is the Pope Catholic? 構文

ユニークな英語の構文に、Is the Pope Catholic? 構文があります。直訳すると、「ローマ法王はカトリックだろうか？」ですが、「当たり前だ」

という意味で使われます。ローマ法王がカトリック教徒なのは当然なので、「当たり前だ」という意味になるわけです。例えば、Do you like wine?（ワインは好きですか？）という質問に対して「もちろん」と答えたい場合、Of course. と言ってもよいのですが、Is the Pope Catholic? とユーモラスに返答することもできます[5]。

この構文の面白いところは、会話の相手や状況に応じて、Is the sky blue?（空は青いだろうか？）や、Can a duck swim?（アヒルは泳げるだろうか？）のようにアレンジできる点です。Is the Pope Jewish?（ローマ法王はユダヤ教徒だろうか？）や、Is the sky green?（空は緑色だろうか？）のように事実と異なる内容にすると、「当たり前だ」ではなく「もちろん違う」という意味になります[6]。

テレビ番組や小説では、登場人物の個性に応じた Is the Pope Catholic? 構文が使われることもあります。例えば、PAW Patrol（パウ・パトロール）という犬が主人公のアニメでは、「もちろん」という返事をする際に、ブルドッグのキャラクター（Rubble）が、Does a belly scratcher make me flop on my back and wriggle like a worm? You know it does.（おなかをくすぐられると僕は仰向けになって、もぞもぞしちゃうかな？もちろん）と答えるシーンがあります（シーズン１エピソード２）。

ちなみに、このシーンにおける英語音声と日本語吹き替え版のセリフを比較すると、以下のようになります。

Ryder: Can you clear that, Rubble?	ラブル、どうにかできる？

---

5 Wray, A. (2002). *Formulaic language and the lexicon.* Cambridge University Press.

6 Kasper, G. (1995). Routine and indirection in interlanguage pragmatics. In L. Bouton & Y. Kachru (Eds.) *Pragmatics and Language Learning. Monograph Series Volume 6*, 59–78.

| **Rubble**: Does a belly scratcher make me flop on my back and wriggle like a worm? You know it does. | どうにかって聞かれたら、そうやなあ、どっちかっちゅうと……バッチリできるに決まってるやないか！ |

Is the Pope Catholic? 構文はそのまま和訳するのが困難であるため、訳出に苦労したであろう様子がうかがえます（なお、ブルドッグの Rubble は日本語吹き替え版ではなぜか関西弁を話します）。

　また、Is the Pope Catholic? 構文では、「当たり前の内容を修辞疑問の形式で言う」という共通点はありますが、文法的・語彙的な共通点はありません。例えば、Is the Pope Catholic? は Is で始まる SVC（第 2 文型）の疑問文ですが、Can a duck swim? は Can で始まる SV（第 1 文型）の疑問文です。文法構造上の共通点がないこれらの文章を、「Is the Pope Catholic? 構文」としてひとまとまりにして良いのかという問題もあるでしょう[7]。

　なお、Is the Pope Catholic? 構文は、「答えはわかりきっているじゃないか」「当たり前のことを聞くな」というように、くだらない質問をした相手に対する嫌味と解釈される場合もありますので、注意しましょう。

■ 他にもある様々な構文

　英語には他にも多くの構文があります。代表的なものを以下に示します。

I. A is to B what [as] C is to D. ＝ What C is to D, (so) A is to B.
　「A の B に対する割合[関係]は C の D に対する割合[関係]と同じである」という意味です。例文を以下に示します。

7　Wray, A. (2002). *Formulaic language and the lexicon.* Cambridge University Press.

■ 8. 文の骨組みとなる構文

Oxygen is to fire what water is to plants.

（火にとっての酸素は、植物にとっての水のようなものだ）

5 is to 10 what 1 is to 2.

（5 対 10 は 1 対 2 に等しい）

アメリカのテレビ番組 The West Wing（シーズン 3 エピソード 1）では、次のようなセリフがありました。

Islamic extremism is to Islam, as KKK is to Christianity. [8]

上の文は、「イスラム過激主義とイスラム教の関係は、KKK とキリスト教の関係と同じである」という意味です（KKK は Ku Klux Klan［クークラックスクラン］の略で、白人至上主義の秘密結社のこと）。2001 年 9 月 11 日に起きた米国同時多発テロを受けたセリフで、「テロを起こすのは一部のイスラム過激派（キリスト教徒で言うところの KKK）であり、大多数のイスラム教徒とは関係ない」という意味が込められています。

2. Once an A, always an A.

「一度 A になればいつまでも A だ」という意味で、性質が変えにくいことを示します。例えば、**Once a liar, always a liar.** は「一度嘘をついたら二度とやめられない」という意味です。アメリカ英語のコーパスである**COCA** では、次のような用例が見つかりました。

---

8 ドラマでは Islamic <u>extremist</u> is to <u>Islamic</u>, as KKK is to Christianity. と述べていますが、この文章は文法的に不自然であると考えられます。そのため、本文中では extremist を extremism に、to Islamic を to Islam に修正した文章を示しています。

なお、本文中のように修正したとしても、イスラム過激主義という「概念」と、KKK という「組織」を並列しているため、バランスがとれていないという意見もあります。

フレーズ	使用頻度
once a cheater always a cheater	6
once a bishop always a bishop	2
once a cheat always a cheat	2
once a chameleon always a chameleon	1
once a catholic always a catholic	1
once a bum always a bum	1
once an ape always an ape	1
once an amateur always an amateur	1
once an abuser always an abuser	1
once a terrorist always a terrorist	1
once a sucker always a sucker	1
once a spook always a spook	1
once a slug always a slug	1
once a singer always a singer	1
once a senator always a senator	1
once a prostitute always a prostitute	1
once a pervert always a pervert	1
once a parent always a parent	1
once a junkie always a junkie	1
once a jerk always a jerk	1
once a family always a family	1
once a detective always a detective	1

■ 8. 文の骨組みとなる構文

once a criminal always a criminal	1
once a cop always a cop	1
once a con always a con	1
once a cobra always a cobra	1

3. not so much B as [but] A

「B というよりむしろ A」という意味で、more A than B や rather A than B とほぼ同じ意味です。例文を以下に示します。

A: Donna tells us you were meeting with economic advisers?
（ドナによると、経済顧問と打ち合わせしていたとか）
B: Not so much meeting as fighting off slipping into a coma.
（打ち合わせというより、眠気と戦っていただけですよ；West Wing シーズン 5 エピソード 4 より）

It wasn't so much an idea, as it was an example of an idea.
（それは提案というよりは、提案の一例にすぎなかったんだ；Schitt's Creek シーズン 2 エピソード 5 より）

注） 事業計画の一例としてベーグルショップに言及したところ、それを聞いた相手が真に受けて本当にベーグルショップを始めようとしていることを諌めるセリフ。

この構文は not B so much as A の語順になることもあります。具体例を以下に示します。

To be fair, it's not a cake so much as it is a vegetable loaf.
（正確に言えば、ケーキというよりもベジタブルローフです; Parks and Recreation シーズン 3 エピソード 9 より）

ケーキを用意するように言われたのに、キノコやほうれん草から作った健康的な野菜のおやつ（ミートローフならぬベジタブルローフ）を持ってきてしまった人物のセリフです。not B so much as A の構文が使われています。

4. What A lacks in B, A makes up (compensates) for in C.
　「AはBの不足をCで補っている、埋め合わせている」という意味です。例文を以下に示します。

> What John lacks in experience, he makes up for in enthusiasm.
> （ジョンは経験不足を熱意で補っている）
> What the apartment lacks in space, it compensates for in location.
> （そのアパートは狭さを立地で補っている）
> What the team lacks in skill, it makes up for in teamwork.
> （そのチームは技術不足をチームワークで補っている）

　次のように、make up for in の代わりに、make up for with となる場合もあります。

> What I lack in memory I make up for with exceptional powers of deductive reasoning.
> （私は記憶力はイマイチだが、並外れた推理力で補っている；The West Wing シーズン 4 エピソード 2 より）

　また、単に「補う」だけでなく、「補って余りある」と言う際には、make up for ではなく、**more than** make up for となります。

■ 8. 文の骨組みとなる構文

Although what I lack in leadership, apparently I **more than make up for in** sewing.

（リーダーシップはなくても、僕はどうやら裁縫の腕前で補って余りあるみたいだ：The Big Bang Theory シーズン 5 エピソード 1 より）

I think you'll find that what we lack in formal education, we **more than** make up for in street smarts.

（正式な教育は十分に受けておりませんが、実践で身につけた知恵で補って余りあることがおわかりいただけるでしょう：It's Always Sunny in Philadelphia シーズン 4 エピソード 10 より）

注） street smarts は生き抜くための知恵、（スラム街などで暮らしたりして身につけた）どんな状況下でも生き抜く抜け目なさ等を指す。

アメリカのシチュエーションコメディ、2 Broke Girls では、次のようなセリフもあります（シーズン 4 エピソード 16 より）。

And what you lack in pastry, you **more than** make up for in pretty.

（君はペーストリー［菓子類］に関してはイマイチだけど、ルックスで十分に補っている）

ルッキズム（lookism; 外見至上主義）にあふれ教育的には望ましくない文章ですが、pastry, pretty ともに / p / で始まり、/ i / で終わっており、発音の観点からはキャッチーなセリフです。

160

9 | 人生の教訓を伝えることわざ

　日本語でもおなじみのことわざ（proverbs）も、定型表現の一種です。ことわざの特徴は、意味の予測可能性が低い、言い換えれば、1 + 1 が 2 にならず、3 や 4 になることです。例えば、Don't put all your eggs in one basket. は「すべての卵を一つのかごに入れるな」が文字通りの意味ですが、「リスクは分散させよ」という意味のことわざです。分散投資の重要性を述べる際などに使われます。

■ 比喩的イディオムとの違い

　意味の予測可能性が低いという点で、ことわざは比喩的イディオム（2章を参照）と似ています。しかし、両者には2つの大きな違いがあります。第1に、ことわざは通常単独で文を形成しますが、比喩的イディオム単体ではふつう独立した文になりません。例えば、A picture is worth a thousand words.（百聞は一見に如かず）、Silence is golden.（沈黙は金なり）などのことわざは、主語と述語動詞が含まれた完全な文です。一方で、give ... the cold shoulder（〜を冷たくあしらう）、make one's own bed（自ら不幸を招く）、fall off the wagon（酒をまた飲むようになる；wagon は「給水車」という意味の water wagon から）などの比喩的イディオムには主語が含まれておらず、それ単体では独立した文になりません。

　もう一つの違いは、Haste makes waste.（せいては事を仕損じる）、The early bird catches the worm.（早起きは三文の徳）など、ことわざには人生に関する教訓を伝えるものが多いということです。一方で、write ... a blank check（金額無記入の小切手を書く→〜の自由にさせる）、fly off the handle（かっとなる、自制心を失う）、bring home the bacon（生活費を稼ぐ、成功する）などの比喩的イディオムには、人生に関する教訓

161

■ 9. 人生の教訓を伝えることわざ

は含まれていません。

▌3つの種類

　日本語との対比から、英語のことわざは大きく3種類に分類できます。一つ目は、The grass is always greener on the other side of the fence.（隣の芝生は青い）、All is well that ends well.（終わりよければすべてよし）、Strike while the iron is hot.（鉄は熱いうちに打て）など、日本語にも類似したことわざがあるものです。日本語からの類推で意味が理解できるため、これらのことわざはそれほど難しくないはずです。

　二つ目は、日本語にも類似したことわざがあるものの、表現が異なるものです。例えば、Let sleeping dogs lie. は「眠れる犬は寝かせておけ」が字義通りの意味ですが、「触らぬ神にたたりなし」に該当することわざです。日本語の「神」が英語では「犬」に変わっていますが、主要な意味はほぼ同じです。他にも、When in Rome, do as the Romans do.（ローマでは、ローマ人と同じように行動しろ）は「郷に入れば郷に従え」、It is no use crying over spilt milk.（こぼれた牛乳を嘆いても仕方がない）は「覆水盆に返らず」、Don't throw away the baby [throw the baby out] with the bathwater.（無用なもの［浴槽の湯］といっしょに大事なもの［赤子］を捨てるな）は「角を矯めて牛を殺す」に相当します。日本語との類似性に気が付けば、これらのことわざもそれほど難しくないかもしれません。

　三つ目は、日本語に類似したことわざがないものです。例えば、You can lead a horse to water, but you cannot make him [it] drink. は「馬を水辺まで連れて行くことはできても、水を飲ませることはできない」が文字通りの意味ですが、「本人にその気がなければいくらお膳立てをしてもだめ」という意味のことわざです。例えば、教師がいかに学習者を鼓舞して素晴らしい授業をしても、学習者自身にやる気がないと学力は上がら

ない、といった文脈で使われます。この表現に相当する広く知られた日本
語のことわざはないため、難易度がやや高いと言えます。

■ことわざの学習法

　英語を外国語として学ぶ学習者が、無理にことわざを使う必要はあり
ません。例えば、Don't count your chickens before they hatch.（卵が
かえる前にニワトリを数えるな⇒ 捕らぬ狸の皮算用）ということわざを
知らなくても、You shouldn't depend on something that you haven't
actually gotten.（まだ入手していないものに頼らないほうが良い）など
の表現で代用（パラフレーズ）すれば、ほぼ同じ意味が伝えられます。

　一方で、話し言葉・書き言葉にかかわらず、ことわざは広く使用される
傾向にあります。そのため、リスニングやリーディングで遭遇した際に、
意味が理解できるようにしておくことは有益です。すなわち、比喩的イディ
オムや句動詞と同じく、産出知識（productive knowledge：スピーキン
グやライティングで自分から使える知識）を持つ必要はありませんが、受
容知識（receptive knowledge：リスニングやリーディングで理解できる
知識）はつけておくと良いでしょう。

◆難しい二つの理由

　とはいえ、英語学習者にとってことわざは難しいものです。その理由の
一つは、ことわざの中には、英文法の標準的なルールから逸脱したものが
あることです。例えば、Money makes a mare to go.（金は雌馬をも動
かす⇒ 地獄の沙汰も金次第）では、使役動詞 make の後に to 不定詞が用
いられています。これは、make の後には原形不定詞が来る（例：to go
ではなく、go）という現代英語の標準的な文法規則から外れています[1]。
また、Handsome is as handsome does.（立派な行いの人は美しい）

1　http://user.keio.ac.jp/~rhotta/hellog/2011-12-23-1.html

■ 9. 人生の教訓を伝えることわざ

ということわざも、文法的に解釈するのは困難でしょう。日本語でも、「井の中の蛙大海を知らず」「案ずるより産むが易し」「過ぎたるは及ばざるがごとし」のように、ことわざの中には現在の標準的な文法規則では解釈が難しい表現が散見されますが、英語でも同様のようです。

二つ目の理由は、ことわざの中には一部が省略されるものがあることです。例えば、When in Rome, do as the Romans do. では、カンマ以降を省略して、When in Rome. だけで止めてしまうことがよくあります（日本語でも、「郷に入れば郷に従え」の代わりに、「郷に入れば」しか言わないこともありますね）。その他、後半部分が省略されることわざの例を以下に示します。

ことわざ	意味
Don't count your chickens (before they hatch).	卵がかえる前にニワトリを数えるな ⇒捕らぬ狸の皮算用
When the cat's away, (the mice will play).	猫がいないときにねずみが遊ぶ ⇒鬼の居ぬ間に洗濯
Speak of the devil, (and he will appear).	悪魔のことを話せば悪魔が現れる ⇒うわさをすれば影がさす
Too many cooks (spoil the broth).	料理人が多すぎるとスープの味がダメになる ⇒船頭多くして船山に上る
A stitch in time (saves nine).	早めにひと針縫っておけば、あとで9針の手間が省ける ⇒転ばぬ先の杖
Desperate times (call for desperate measures).	絶望的な状況では、窮余の策（一か八かの手段）が必要だ
Different strokes (for different folks).	人それぞれ、十人十色 • stroke は「ほめ言葉」を指す。

164

Great minds (think alike).	頭のいい人は皆同じように考えるものだ • 他人と自分の考えが一致した時などに言う。

注)（　　）内は省略可能な表現。

上のような省略表現は、元のことわざを知らなければ理解は困難と言えます。

■ ことわざ学習に役立つ教材

　ことわざは、やはりことわざ辞典で学習するのが効率的です。『日英対照実用ことわざ辞典』（講談社）なら、日本語のことわざを起点に、それに対応する英語のことわざが調べられます。例えば、「言うは易く行うは難し」の項には、Easier said than done.（行うより言うは易し）、Actions speak louder than words.（行動は言葉よりも声高に語る）、Deeds, not words.（言葉ではなく、まず行動⇒不言実行）など、「言うは易く行うは難し」に相当する英語のことわざが複数紹介されています。また、多読（extensive reading）や多聴（extensive listening）、すなわち、簡単な英文をたくさん読んだり聴いたりすることも効果的です。多くの英文に触れることで、それらに含まれることわざが自然と身につくはずです。

　英語学習に役立ち、さらに英語圏の文化・考え方も学べるという点で、ことわざはまさに一石二鳥（kill two birds with one stone）です。ぜひ英語のことわざを学んでみましょう。

■ 9. 人生の教訓を伝えることわざ

> | コラム |　ことわざの使い方が独特すぎて逮捕された犯罪者がいる !?

　5章のコラムでは、二項表現の中には時代とともに変化するものがあることを紹介しました。ことわざも同様です。

　例えば、You cannot have your cake and eat it (too). は文字通りには「ケーキを所有しつつ、それを食べることはできない」ですが、「同時に2つのうまい事はできない、両方いいとこ取りはできない」という意味のことわざです。このことわざは、以前は You cannot eat your cake and have it too.（以下、「eat → have」と表記します）という語順が一般的だったようです[2]。しかし、近年では You cannot have your cake and eat it too.（以下、「have → eat」と表記）が標準的な語順となりました。

　この語順の変化がきっかけで逮捕されてしまった犯罪者がいます。「ユナボマー」（Unabomber = University and Airline Bomber；大学と航空会社等を爆破事件の標的としたことから）として知られるセオドア・カジンスキーです。

　カジンスキーは犯行後の 1995 年、Industrial Society and Its Future（産業社会とその未来）と題した 35,000 語にもおよぶ文章（以下、マニフェスト）をマスコミに送りつけていました。その中で彼は、You can't eat your cake and have it too.（eat → have）という表現を使っていました[3]。

　1995 年の時点では、have → eat の語順が一般的だったにもかかわらず、カジンスキーは昔ながらの eat → have を使っていたのです。FBIの担当者は、はじめは不注意によるタイプミスだと思ったそうです[4]。し

2　https://www.phrases.org.uk/meanings/you-cant-have-your-cake-and-eat-it.html

3　https://www.washingtonpost.com/wp-srv/national/longterm/unabomber/manifesto.text.htm

4　Campbell, J. H., & Denevi, D. (Eds.). (2004). *Profilers: Leading investigators take you inside the criminal mind.* Prometheus.

かし、マニフェストは 35,000 語にもおよぶ長文にもかかわらず（一般的な書籍に換算すると、約 120 ページの分量です）、それ以外には文法・スペリング・語彙の間違いはまったくなく、完璧な英語で書かれていたため、そのような初歩的なミスがあるのは少し奇妙でした。カジンスキーのこの「間違い」は後に重要な手がかりとなります。

　FBI がカジンスキーの親族から提供された資料を分析していた時のことです。捜査担当者は、カジンスキーが 1970 年代に書いていた手紙にも、We can't eat our cake and have it too.（eat → have）という表現が使われていたことに気がつきます。

　考えてみれば、have → eat の語順だと、「ケーキを所有して（have）いたら、それを食べる（eat）ことはできない」となり、論理的に考えると奇妙です。せっかくケーキを所有しているのに、食べないのであれば、ケーキの意味がないからです。一方で、eat → have という昔ながらの語順だと、「ケーキを食べたら（eat）、それを所有する（have）ことはできない」となり、こちらの方が論理的にも納得できます。

　New York Times でも、以下のような意見が紹介されています。

I'd always found "have your cake and eat it too" perplexing, too, until it was pointed out the reversed construction makes sense: "You can't eat your cake and have it too." Of course, everyone thinks I'm misquoting when I say this now!

（訳）have your cake and eat it too（ケーキを持っていたら、それを食べられない）という表現も、自分はずっと不思議に思っていた。でも、語順を入れ替えれば意味が通じると教わった。You can't eat your cake and have it too. つまり、ケーキを食べてしまったら、なくなってしまう。もちろん、こちらの表現を使うと、言い間違いだとみんなには思われるが。

（https://www.nytimes.com/2011/02/20/magazine/20FOBonlanguage-t.html より）

Oxford Dictionary of Idioms にも、The puzzlement sometimes caused by this formulation can be dispersed by reversing it: if you have eaten your cake, you no longer have it. と解説があり、昔ながらの eat → have という語順の方が理にかなっていることがわかります[5]。

　おそらく、カジンスキーは歴史的・論理的に「正しい」表現へのこだわりがあり、意図的に eat → have の語順にしていたのでしょう（カジンスキーは母親から、eat → have が本来の語順であることを聞いていたようです）[6]。しかし、マニフェストとカジンスキーの手紙に eat → have が使われていたことが、カジンスキーが犯人と断定される手がかりの１つになってしまいました[7]。

　正しいことわざへのこだわりが強すぎて、逮捕されることもあるとは、定型表現が言語運用の中核をなし、アイデンティティとも深く結びついていることがうかがえます。

　なお、Netflix の Manhunt（マンハント）というドラマでは、このことわざがカジンスキー逮捕に果たした役割についても紹介されており、定型表現という観点からも興味深いものです（事件の性質上、爆発シーンなども含まれていますので、そのような映像が苦手な方はご注意ください）。

5　一方で、You cannot have your cake and eat it too. は、「ケーキを所有していたら、それを食べられない」（「順序」を表す sequential-*and*）だけでなく、「ケーキを所有しつつ、それを食べることはできない」（「同時」を表す simultaneous-*and*）とも解釈できます。後者の解釈を採用すれば、eat → have と have → eat のいずれの語順も理にかなっていると考えられます。
https://web.archive.org/web/20070226234655/http://itre.cis.upenn.edu/%7Emyl/languagelog/archives/002762.html

6　https://www.nytimes.com/2011/02/20/magazine/20FOB-onlanguage-t.html

7　Campbell, J. H., & Denevi, D. (Eds.). (2004). *Profilers: Leading investigators take you inside the criminal mind.* Prometheus.

10 「名詞 of 名詞」のパターンをとる定型表現

可算名詞 of 不可算名詞のパターン

「名詞 of 名詞」の定型表現では、「可算名詞 of 不可算名詞」のパターンに注意しましょう。具体例としては、以下が挙げられます。

	不可算名詞
a piece of ...	paper（紙）/ information（情報）/ advice（助言）/ research（研究）/ furniture（家具）/ luggage（手荷物）/ baggage（手荷物）/ software（ソフトウェア）
a slice of ...	cake（ケーキ）/ bread（パン）/ toast（トースト）/ lemon（レモン）/ cheese（チーズ）
a sheet of ...	paper（紙）/ glass（ガラス）/ plastic（プラスチック）/ metal（金属）
a cup of ...	tea（お茶）/ coffee（コーヒー）
a glass of ...	water（水）/ milk（牛乳）
a bottle of ...	wine（ワイン）/ beer（ビール）/ champagne（シャンパン）
a spoonful of ...	sugar（砂糖）/ honey（はちみつ）/ salt（塩）/ jam（ジャム）
an article of ...	clothing（衣類）
a bar of ...	soap（石鹸）/ chocolate（チョコレート）/ gold（金）
a bale of ...	hay（干し草）/ cotton（綿）/ straw（藁）
a loaf of ...	bread（パン）

169

■ 10.「名詞 of 名詞」のパターンをとる定型表現

　日本語では「手荷物一つ／二つ」のように言いますが、luggage や baggage は手荷物全体を集合的に指すため、(×) one baggage や (×) two baggages とは言えません。これらに相当する英語表現は、one piece [article, item] of baggage や two pieces [articles, items] of baggage です。例えば、航空券に You may take two pieces of baggage, each weighing a maximum of 23 kilograms. とあれば、「機内には 23 キロ以内の手荷物を 2 点持ち込めます」という意味です。

　なお、先ほどの表に示した不可算名詞の中には、語義によっては可算名詞として扱われるものもあります。例えば、paper は「紙」という意味では不可算名詞ですが、「論文」「新聞」の意味では可算名詞です。例えば、The prolific Canadian researcher published 10 papers last year alone.（その精力的なカナダの研究者は、去年だけで 10 本の論文を出版した）のように使えます。

　一部の表現は、比喩的な意味を持ちます。例えば、a piece of cake は文字通りには「ケーキ一切れ」ですが、「楽なこと」という意味もあり、It's a piece of cake. は「そんなの朝飯前だ＜簡単だ＞」となります。a piece of work も「1 つの作品」という字義的な意味に加えて、「嫌な奴、厄介な奴」といった意味でも使われます。

▌動物の群れを表す定型表現

　動物の群れには、種類によって異なる単語が用いられます。「ライオンの群れ」は a pride of lions ですが、このほか次のようなものがあります。

	動物
a murder of ...	crows（カラス）
a herd of ...	deer（鹿）/ cattle（牛）

170

an army of ...	ants（アリ）
a swarm of ...	bees（ハチ）/ flies（ハエ）/ mosquitos（蚊）
a pack of ...	wolves（オオカミ）/ dogs（犬）
a pod of ...	dolphins（イルカ）/ whales（クジラ）
a school of ...	fish（魚）

日本語では動物の種類によって「一匹」「一頭」「一羽」などの単位（助数詞）があり厄介ですが、英語も似たようなものですね。ちなみに、日本には「めだかの学校」という童謡がありますが、a school of fish という英語表現と対応しており、興味深いところです。

▌注意すべきその他のパターン

　対を成す二つのものや、二つの部分から成るものは、a pair of shoes（靴）/ jeans（ジーンズ）/ scissors（はさみ）/ pants（ズボン）/ eyes（目）/ hands（手）/ glasses（めがね）/ gloves（手袋）/ socks（靴下）/ earrings（イヤリング）のように表現します。日本語でも箸や靴の1セットを「一膳」や「一足」と呼びますね。

　また、a touch / pinch / dash of ...（少量の〜）も覚えておきましょう。料理番組で Add a pinch of salt. と言ったら、「塩をひとつまみ加えてください」という意味です。

　その他、注意すべき「名詞 of 名詞」表現を以下に示します。

「名詞 of 名詞」	意味
a turn of events	事件の成り行き
a round of applause	拍手喝采

171

■ 10.「名詞 of 名詞」のパターンをとる定型表現

a court of law	法廷
a sigh of relief	安堵のため息
a state of mind	気分
a state of emergency	緊急事態
a conflict of interest	利害の対立
a fact of life	事実
a matter of fact	事実問題 * as a matter of fact で「実際は」
a matter of principle	主義の問題
a hall of fame	殿堂
a declaration of war	宣戦布告
a leap of faith	一か八かやってみること、賭け
a moment of silence	沈黙、祈りの時
a change of heart	心変わり
a point of view (POV)	視点
one's (own) peace of mind	心の安らぎ
a leave of absence	休暇
a letter of resignation	辞表
a chamber of commerce	商工会議所
a waste of time / money	時間／お金の無駄
a train of thought	一連の考え
a rite of passage	通過儀礼
a course of action	行動方針

a code of conduct	作法、行動規範［規定］
a prisoner of war (POW)	捕虜
a badge of honor	名誉の証
a can of worms	込み入った問題［事柄］、災いの源
a sense of ...	humor（ユーモアのセンス）/ relief（安心感）/ community（共同体意識、連帯感）/ urgency（切迫感）/ purpose（目的意識）/ responsibility（責任感）/ entitlement（権利意識）
the separation of powers	三権分立
one's line of work	〜の職業
a wealth of information / experience	豊富な情報／経験
a number of ...	いくつかの〜、かなりの〜
a series of ...	一連の〜
a handful of ...	一握りの〜
a bunch of ...	一房の〜、多数の〜
a fraction of ...	〜のごく一部

　1つ目の名詞の前に形容詞を加えることで、様々な意味を表すこともできます。例えば、「形容詞 + turn of events」のパターンを COCA（https://www.english-corpora.org/coca/）で調べると、以下のような用例が見つかります。

フレーズ	意味
an <u>unexpected</u> turn of events	意外な展開

■ 10.「名詞 of 名詞」のパターンをとる定型表現

a <u>surprising</u> turn of events	驚くべき展開
an <u>interesting</u> turn of events	興味深い展開
a <u>shocking</u> turn of events	衝撃的な展開
an <u>unfortunate</u> turn of events	不幸な展開
a <u>strange</u> turn of events	奇妙な展開
a <u>remarkable</u> turn of events	驚くべき展開
a <u>tragic</u> turn of events	悲劇的な展開
the <u>latest</u> turn of events	最近の展開
a <u>dramatic</u> turn of events	劇的な展開

　「名詞 of 名詞」という定型表現は一見地味ですが、「山椒は小粒でもぴりりと辛い」と言う通り、使いこなせば全体を引き締まった味にしてくれるでしょう。

11 スポーツや映画から生まれた modern idioms

Modern idioms とは何か

　英語では日々新しい定型表現が生まれており、これらは modern idioms と呼ばれます。近年では、特にテレビ番組・映画・ニュース・インターネットなどのメディアから多くの modern idioms が誕生しています。

スポーツ由来の表現

　日本でも「アレ（A.R.E.）」（優勝を意味する隠語。プロ野球阪神タイガースの岡田彰布元監督に由来。Aim! Respect! Empower! の頭文字をとったとも言われる）が 2023 年の流行語大賞に輝くなど、スポーツから流行語が生まれることはよくあります。サッカーから生まれた英語の modern idioms の一つに、park the bus があります。これは文字通りには「バスを駐車する」という意味ですが、「守備を固める、守勢をとる」という意味で、主に英国で使われます。

　サッカーでゴール前に多くの選手を集めて守備を固める様子が、停車しているバスを連想させることから生まれました。サッカーでフリーキックの際に、守備側の選手がゴールの近くに並んで壁を作ることがありますが、それをイメージすると良いでしょう。元々はサッカーから生まれた表現ですが、政治や経済の分野で用いられることもあります[1]。

　なお、この表現は主要な英和辞典にはまだ掲載されていませんが、*Collins English Dictionary* の 13 版（2018 年出版）には掲載されています。

1　Carroll, G. (2022). *Jumping sharks and dropping mics: Modern idioms and where they come from.* John Hunt Publishing.

175

■ 11. スポーツや映画から生まれた modern idioms

▌映画由来の表現

　映画から生まれたイディオムに bucket list があります。文字通りには「バケツのリスト」という意味ですが、「死ぬまでにやっておきたいことのリスト」という意味で使われます。このイディオムは同名の 2007 年の映画（邦題は「最高の人生の見つけ方」）から広まりました。

　bucket list は list of things to do before I kick the bucket の略です。kick the bucket は「死ぬ」という意味の比喩的イディオムなので、「死ぬ（＝ kick the bucket）までにしたいことのリスト」という意味になります。映画ではジャック・ニコルソンとモーガン・フリーマン演じる余命わずかな 2 人の老人が bucket list を手に病院を抜け出し、世界を旅する様子が描かれました。

　このイディオムは英語に定着し、Bungee jumping has always been at the top of my bucket list.（バンジージャンプは、私が死ぬまでにしたいことのリストの常にトップにある）のように使われます。そのほか、my bucket list while living in Australia（オーストラリアに住んでいる間にしたいことのリスト）や a bucket list of all the things I want to do before I turn 40（40 歳になるまでにしたいことのリスト）のように、死ぬまでとは限らず、単に「やりたいことのリスト」という意味で使われることもあります。

▌テレビ由来の表現

　テレビ番組からも多くの modern idioms が生まれています。特に、1994 年から 2004 年まで放送され、その後も再放送が続く米国のシチュエーションコメディ Friends からは、friend zone（お友達状態：片思いをしているが恋人になれず、友達の域にとどまっている状態）や How you doin'?（調子どうだい？）など、多くの modern idioms が生まれま

176

した[2]。

その一つに、moo point があります。moo は牛の鳴き声を表し、moo point で「牛の意見のように重要ではないこと」という意味になります。英語には moot point（論争点、議論の分かれる問題）という定型表現がありますが、登場人物の一人がこれを moo point と勘違いしたことから生まれたと言われています[3]。

■インターネット由来の表現

日本語でも、「ググる」（検索エンジンの Google で検索すること）、「キボンヌ」（「希望する」の意味で、「詳細キボンヌ」のように使う）、「ネット弁慶」（オンライン上のみで攻撃的な発言をする人。「内弁慶」のネット版）など、インターネットから多くのスラングが生まれています。

英語でもインターネット由来の modern idioms は多数あります。その一つが、break the internet です。文字通りには「インターネットを壊す」ですが、「インターネット上で大きな話題になる、バズる」という意味で使われます。大きな話題になったためアクセスが集中し、インターネットが壊れてしまう様子を想像するとわかりやすいでしょう。

なお、2018 年に公開されたディズニー映画「シュガー・ラッシュ：オンライン」の原題は Ralph Breaks the Internet です。映画では、主人公のラルフがネット上でバズる（比喩的意味）だけでなく、インターネットを文字通り破壊してしまう（字義的意味）ため、break the internet が一種のかけ言葉となっています。

---

2 Carroll, G. (2022). *Jumping sharks and dropping mics: Modern idioms and where they come from.* John Hunt Publishing.

3 Carroll, G. (2022). *Jumping sharks and dropping mics: Modern idioms and where they come from.* John Hunt Publishing.

■ 11. スポーツや映画から生まれた modern idioms

◆「ググレカス」を英語で言うと？

インターネット由来の広く知られた modern idiom に、Google is your friend. があります。「Google はあなたの友達です」が文字通りの意味ですが、「Google で調べればわかる」「他人に質問する前にそれくらい自分で検索しろ」という意味のスラングです。日本語の「ググレカス」（「Google で検索しろカス野郎」という意味。ggrks と略されることもある）に相当すると考えて良いでしょう。

Google is your friend. は、（1）くだらない質問をされた時、（2）質問をされたが答える時間がもったいない時、（3）答えを知らない質問をされた時などに使われます。

例えば、次のような具合です。

A: What is an internet?（インターネットって何？）

B: Google is your friend.（Google で調べなよ）

注）https://www.urbandictionary.com/define.php?term=Google%20is%20your%20friend　より。

なお、筆者は英語圏のある友人に Google is your friend. と言ったところ、I thought you were a friend, too.（あなたのことも友達だと思っていたのに）と言われてしまったことがあります。

▎Modern idioms の学習法

Modern idioms を習得する方法はいくつかありますが、まずは関連書籍にあたってみましょう。例えば、*Jumping sharks and dropping mics* (John Hunt Publishing) や *Totally scripted* (Lyons Press) には、映画やテレビ番組から生まれたイディオムが多数取り上げられています。日本語の書籍では、『アメリカ人ならだれでも知っている英語フレーズ 4000』（小

178

学館）なども有益です。

　辞書を活用するのも効果的です。最近生まれたばかりのイディオムは、当然のことながら辞書に掲載されていません。しかし、月日が経ち、英語表現として定着したものは、辞書の改訂時に追加されることがあります。例えば、「映画由来の表現」でご紹介した bucket list（死ぬまでにやっておきたいことのリスト）は、『ジーニアス英和辞典 6 版』（大修館書店）や『コンパスローズ英和辞典』（研究社）などに掲載されており、イディオムとして定着したと考えて良いでしょう。

　また、「研究社 Online Dictionary」（https://kod.kenkyusha.co.jp/）など、一部のオンライン辞書は定期的に更新されており、modern idioms が収録されていることもあります。さらに、『オーレックス英和辞典』（旺文社）の Behind the Scenes というコーナーでは、TV 番組や映画から生まれた modern idioms が多数紹介されています。

　スラングを集めたウェブサイトで検索する方法もあります。Urban Dictionary というウェブサイト（https://www.urbandictionary.com/）では、インターネット・スポーツ・映画・テレビ番組から生まれた様々な modern idioms が検索できます。しかし、Urban Dictionary はユーザーからの投稿で成り立っているため、市販の辞書のように内容が精査されているわけではありません。利用する際には注意しましょう。

　対話型の AI システムに modern idioms の使い方を聞くのも面白いでしょう。ChatGPT（https://chat.openai.com/）に「"break the internet" を使った英文を書いて」と依頼したところ、次のような英文を作ってくれました。

Kim Kardashian's latest Instagram post is sure to break the internet.

（キム・カーダシアンの最新のインスタグラム上の投稿は、インターネットで大きな話題になることは間違いない）

■ 11. スポーツや映画から生まれた modern idioms

The reveal of the new iPhone always breaks the internet.
（新型 iPhone のお披露目は、いつもインターネットで大きな話題になる）

12 その他の定型表現

英語には、これまでとりあげたもの以外にも多くの定型表現があります。本章では、以下の4種類を紹介します。

① 文法的コロケーション
② 群前置詞
③ 直喩表現
④ 略語

① 文法的コロケーション

3章では、二つの内容語（名詞・動詞・形容詞・副詞）から構成されるコロケーション（例：make a scene「大騒ぎをする」、cautionary tale「注意を促す話」、readily available「すぐに手に入る」）を紹介しました。これらは、「語彙的コロケーション」（lexical collocations）とも呼ばれます。

コロケーションには、「文法的コロケーション」（grammatical collocations）と呼ばれるものもあります。代表的なものは、「名詞＋前置詞」「形容詞＋前置詞」「動詞＋前置詞」です。以下に、それぞれの具体例を示します。

分類	例
名詞＋前置詞	attempt at（〜への挑戦）、attention to（〜への注意）、lack of（〜の欠如）、need for（〜の必要性）、war against（〜との戦い）

181

■ 12. その他の定型表現

形容詞＋前置詞	aware of（〜に気づいて）、comfortable with（〜に満足で、〜が受け入れられる）、concerned about（〜を心配して）、familiar with（〜をよく知っている）、free of（〜がない）、open to（〜に開放されている）、ready for（〜の準備ができて）、used to（〜に慣れている）
動詞＋前置詞	approve of（〜を認める）、explain A to B（A を B に説明する）、inform A of B（A に B を知らせる）、depend on [upon] ...（〜を頼りにする、〜次第である）、fixate on ...（〜に執着する、こだわる）、refer to ...（〜に言及する）、wait for ...（〜を待つ）

　文法的コロケーションを習得するコツは、単語を覚える際に、どのような前置詞とともに用いられるかを意識することです。例えば、「agree ＝同意する」「provide ＝〜を提供する」「rob ＝〜を奪う」と和訳のみを覚えるのではなく、agree with A about [on] B（B に関して A に同意する）、provide A with B（A に B を提供する）、rob A of B（A から B を奪う）など、よく使われる前置詞とセットで覚えましょう。ある単語と一緒に使われる前置詞は、単語集や辞書などで調べると良いでしょう。

■ ②群前置詞

　2 語以上で前置詞と同じような働きをするフレーズは「群前置詞」と呼ばれ、これも定型表現の一種です。具体的には、以下があります。

群前置詞	意味
except for	〜を除いては
apart from	〜から離れて、〜は別として
ahead of	〜の前方に

182

as to	〜に関しては
along with	〜といっしょに
as a result of	〜の結果として
by means of	〜によって、〜を用いて
as opposed to	〜とは対照的に、〜ではなくむしろ
at the expense of	〜を犠牲にして、〜の費用で

▌③直喩表現

　固定された直喩（similes：as や like のような単語を使って、直接二つ
の事柄を比較するときに使われる表現）も定型表現の一種です。定型的な
フレーズは、A as B の形をとります。具体的には、cold as ice（とても
冷たい、とても冷酷な）、easy as ABC（とても簡単な）、sweet as pie（と
ても感じが良い）などが挙げられます。

　直喩表現の中には、頭韻（alliteration; 14 章を参照）を踏んでいるも
のが多くあります。すなわち、同じ音で始まる単語が繰り返し使われて
いるということです。例えば、busy as a bee（非常に忙しい）、bold as
brass（非常にずうずうしい）では、いずれも / b / で始まる単語が繰り返
されています。その他、thick as thieves（とても親密で、大の仲よしで）、
pleased as punch（大満足で）、cool as a cucumber（落ち着き払って）
でも頭韻が見られます。

▌④略語

　定型表現の中には、頭文字のみを取った略語として使われるものがあり
ます。具体例を以下に示します。

■ 12. その他の定型表現

略語	元の表現	和訳・解説
ASAP	as soon as possible	できるだけ早く
FYI	for your information	ご参考までに
IMO	in my opinion	私の意見［考え］では
BTW	by the way	ところで、話は変わるが
LOL	laughing out loud	大笑い
AWOL	absent without leave	無断欠勤で • go AWOL で「無断欠勤する、突然いなくなる」の意味。
BRB	be right back	すぐに戻ります、折返し返事します
ETA	estimated time of arrival	到着予定時刻 • 待ち合わせをしている際に What is your ETA? とメッセージが来たら、「到着予定時刻はいつ？」という意味。
RSVP	Repondez s'il vous plaît（フランス語）	ご返事をお願いいたします、招待状の返事、招待状の返事を出す • Please RSVP by 12 October. とあれば、「10月12日までに出欠の返事をしてください」という意味。
TOC	table of contents	目次
EOD	end of day	1日の終わり • EOD を締め切りに指定された仕事が終わらなかった際に、「EOD は end of day（1日の終わり）ではなく、end of December（12月の終わり）の略だと思っていた」と言い訳をする人がいるという。 • EOD は end of discussion（以上討論終了）の略として使われることもある。
TL;DR	too long; didn't read	長すぎて読んでない、こんな長いの読めるか • TLDR や tl;dr などの表記もある。

184

USP	unique selling point	セールスポイント
YOLO	you only live once	人生は一度きり（だからやりたいことをやらなくちゃ）
FOMO	fear of missing out	置いてけぼり（仲間はずれ）恐怖症
OE	overseas experience	海外経験 • ニュージーランドで使われるスラングで、ワーキングホリデーなどで海外に滞在すること。長期間におよぶものは big OE とも呼ばれる。 • 学術用語としての OE は、Old English（古英語）のこと。
OST	original sound track	オリジナルサウンドトラック（映画やゲームで使用された楽曲）
OP	original poster	（オンライン掲示板などで）一番初めの投稿をし、スレッドを立てた人
DM	direct message	ダイレクトメッセージ • ソーシャルメディアなどで特定の相手に向けて送る非公開のメッセージ。

◆クイズ：略語の意味を考えよう

　以下の略語は、それぞれ何という定型表現の略でしょうか？考えてみましょう。

1. JK
2. IMHO
3. POV
4. OMW
5. BTS
6. POTUS（ヒント：アメリカの政治）
7. PM

■ 12. その他の定型表現

8. NSFW

9. EOF（ヒント：コンピューター）

解答

略語	元の表現	和訳・解説
1. JK	just kidding	ほんの冗談だよ
2. IMHO	in my humble opinion	私見［愚見］によれば
3. POV	point of view	視点
4. OMW	on my way	今行きます、今向かっているところです
5. BTS	behind the scenes	舞台裏で［の］；秘密に［の］、ひそかに［な］ • 米国の人気歌手・女優であるセレーナ・ゴメスがインスタグラムに behind the scenes という意味で BTS と投稿したところ、韓国のアイドルグループ BTS（防弾少年団）のことだと勘違いした BTS のファンが反応したという。
6. POTUS	President of the United States	米国大統領 • VPOTUS は Vice President of the United States で、米国副大統領。
7. PM	private message	プライベートメッセージ • direct message（ダイレクトメッセージ）と同義。また、Prime Minister（総理大臣、首相）を指すこともある。
8. NSFW	not safe [suitable] for work	職場ではよろしくない、職場での閲覧に適さない
9. EOF	end of file	ファイルの終わり

「はじめに」で述べたとおり、定型表現を用いることの利点の1つに、「言

語の制服化」を通じて省エネに寄与することが挙げられます。略語として通じるこれらの表現は、定型表現の省エネ機能をさらに押し進めたものと言えるでしょう。

| コラム | **テレビドラマで最も使われる定型表現は何か？**

　本書では、「比喩的イディオム」「コロケーション」「句動詞」など、定型表現を様々に分類してきました。1章で述べたように、筆者はアメリカの連続テレビドラマ The West Wing を視聴して、有用だと思った定型表現を Notion というアプリに記録しています。The West Wing シーズン 3 視聴中に筆者が記録した定型表現を種類別に集計したところ、以下のようになりました。

順位	定型表現の種類	比率
1	複合語（6 章）	41.9%
2	句動詞（7 章）	14.4%
3	比喩的イディオム（2 章）	7.7%
4	文法的コロケーション（12 章）	7.1%
5	語彙的コロケーション（3 章）	5.4%
6	名詞 of 名詞（10 章）	2.8%
7	二項表現（5 章）	1.6%
8	構文（8 章）	1.3%
9	直喩（12 章）	0.3%
-	その他	17.4%

■ 12. その他の定型表現

　記録した定型表現の約4割が複合語であり、最も多いことがわかります。

　もちろん、「The West Wing という1つのテレビドラマを視聴していて、筆者が有用だと思った定型表現」のメモにすぎませんので、一般化できるものではありません。また、定型表現の分類も筆者の独断によるものです。

　参考までに、筆者が記録した定型表現の例を以下に示します。

定型表現	和訳
the State of the Union Message [Address]	一般教書演説（米国大統領が毎年1月に行なう国政報告）
commander in chief	最高司令官
chief of staff	首席補佐官
press secretary	（米国大統領）報道官
popular vote	一般投票
electoral vote	大統領選挙人による投票
swing vote	（選挙結果を左右する）浮動票
grand jury	大陪審
obstruction of justice	司法妨害
margin of error	誤差の範囲
foreign policy	外交政策
foreign aid	対外援助
free trade	自由貿易（の）
gun control	銃規制
tax cut	減税
tax credit	税額控除

alternative energy	代替エネルギー
contingency plan	危機管理計画、万一の場合の策
exit strategy	出口戦略
national security	国家安全保障
education bill	教育法案
exit poll	出口調査
push poll	作為的（誘導尋問的な）世論調査
bipartisan committee	超党派委員会
checks and balances	抑制と均衡（政府各部門の力に制限を加え権力の集中を防ぐ：米国政治の基本原則とされる）

ホワイトハウスを舞台にした政治ドラマという設定上、政治関連の表現が多く含まれていることがわかります。

13 | 定型表現に見られる地域差

　定型表現の中には、特定の地域でのみ頻繁に使われるものがあります。筆者がニュージーランドに住んでいた当時は、sweet as や easy as などの表現をよく耳にしました。sweet as は very sweet（非常に良い）、easy as は very easy（とても簡単だ）という意味です。米英語では sweet as <u>sugar</u> や easy as <u>pie</u> などの表現は一般的ですが、sweet as や easy as のように、as の後に名詞が来ない形で使われることは通常ありません。ニュージーランドで出会ったあるアメリカ人は、「sweet as sugar なら『とても甘い』という意味になるけど、sweet as salt なら『全然甘くない』ことになるから、sweet as だけだと意味がわからないよ……」と困惑していました。

　また、「テストを受ける」に対応する一般的な表現は take an exam ですが、ニュージーランドでは sit an exam という表現も耳にしました（イギリス英語でも使われます）。ニュージーランドの大学で教鞭をとっていた北米出身の教員が、「この表現を初めて聞いた時は戸惑った」と言っていたのを記憶しています。

■ なぜ地域差が見られるのか？

　定型表現に関して、このような地域差が見られるのはなぜでしょうか？一つの理由として考えられるのは、定型表現の使用がアイデンティティと深く結びついていることです。あるコミュニティにおいて特定の定型表現を繰り返し使用することで、一体感が生まれます。言い換えれば、コミュニティに固有の定型表現を使いこなす能力は、その人が集団の一員かどうかを判断するリトマス試験（litmus test）として機能しています[1]。

1　Wray, A. (2002). *Formulaic language and the lexicon.* Cambridge University Press.

190

日本語でも、特定の年齢層（例：若者）や社会グループ（例：オンライン上のコミュニティ）のみで通用するスラングがあることを想像するとわかりやすいでしょう。

▐ 地域差が特に大きい比喩的イディオム

定型表現の中でも、比喩的イディオム（2章を参照）には特に大きな地域差が見られます。それは、比喩的イディオムの多くは文化的背景と深く結びついているからです。例えば、北米では off base（ベース［塁］から離れて⇒全く的外れで、不意をつかれて）、touch base（ベースを触る⇒連絡をとる）、(hit it) out of the park（場外ホームランを打つ⇒大成功する）など、野球に関する比喩的イディオムが多くあります。

一方、英国では野球に関するイディオムはあまり用いられない代わりに、英国で人気の高いサッカーやクリケットに関する多くの表現があります。

▐ 地域差を調べる方法

定型表現の地域差を知るにはどうしたら良いでしょうか？　一つの方法は、辞書で調べることです。例えば、『研究社新英和大辞典』で right off the bat（バットから離れてすぐに⇒ただちに、すぐさま）を調べると「米口語」と書かれています。一方、move the goalposts（ゴールポストを動かす⇒自分に有利になるように規則を変える）の項には「英口語」とあります。これらの記述から、野球に由来する前者の表現は主に米国で、サッカーに関連する後者の表現は主に英国で用いられることがわかります。

もう一つの方法は、インターネットで調べることです。例えば、The Corpus of Global Web-based English（GloWbE）というウェブサイト（https://www.english-corpora.org/glowbe/）では、米国・カナダ・英国・オーストラリア・ニュージーランドなど、計20の地域において、ある表現がどのように使用されているかを調べることができます。GloWbE に

191

■ 13. 定型表現に見られる地域差

アクセスしてから、Search ⇒ Chart をクリックします。そして、例えば off base と入力し、See frequency by section ボタンをクリックしましょう。

すると、以下のような結果が表示されます。

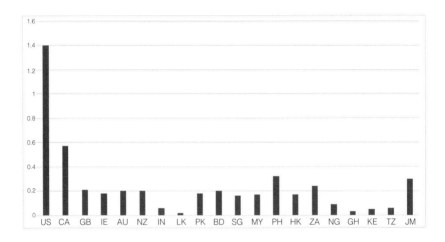

上のグラフから、米国（US）やカナダ（CA）の使用頻度が特に高いことがわかります。off base は野球に由来する表現であるため、野球が盛んな北米以外では使用頻度が低いと推測できます。

ただし、検索結果には off base が「全く的外れで、不意をつかれて」という意味の比喩的イディオムではなく、「（野球の）ベースから離れて」という文字通りの意味で使われている場合も含まれることに注意しましょう。

■ 練習問題：地域差を調べる

GloWbE の使用方法を練習してみましょう。以下の問題に挑戦してください。

問題

1. small potatoes は「つまらないもの」という意味の比喩的イディオムですが、辞書には「米口語」(研究社新英和大辞典)、「米略式」(コンパスローズ英和辞典) などの注記があり、主に米国で用いられると推測できます。米国とその他の地域で使用頻度に差があるか、GloWbE で調べてみましょう。

2. rain check は「雨天引換券、後日の招待 [誘い]」の意味ですが、「米」(研究社新英和中辞典)、「主に米」(コンパスローズ英和辞典) などの注記があり、主に米国で用いられると推測できます。米国とその他の地域で使用頻度に差があるか、GloWbE で調べてみましょう。

3. ballpark figure / estimate / amount は「概算、およその数字」の意味ですが、「主に米」(ウィズダム英和辞典)、「米略式」(ジーニアス英和大辞典) などの注記があり、主に米国で用いられると推測できます。米国とその他の地域で使用頻度に差があるか、GloWbE で調べてみましょう。

4. 筆者がニュージーランドに住んでいた際に、Cool bananas! という表現をたまに耳にしました (オーストラリアのテレビ CM に由来する表現とのことでした)。英辞郎 on the Web (https://eow.alc.co.jp/) によると、「〈豪俗〉万事 OK である、申し分ない、良好である、うまくいっている◆若者が使う言葉◆【同】fine」とあり、ニュージーランドやオーストラリアで使われていると想像できます。この表現は、どのような地域で使用されているでしょうか? GloWbE で調べてみましょう。

【解説】

1. small potatoes

　　GloWbE にアクセスしてから、Search ⇒ Chart をクリックし、small potatoes と入力します。そして、See frequency by section ボタンをクリックしましょう。

193 ●━━━

■ 13. 定型表現に見られる地域差

すると、米国（US）での使用頻度が特に高く、「米口語」「米略式」などの辞書の説明と一致していることがわかります。

また、「リーダーズ＋プラス」には、big potatoes（重要なもの、大事、大物）という表現も記載されています。small potatoes ほど一般的な表現ではないようですが、TV 番組 The West Wing（シーズン 2 エピソード 19）では、次のような用例も確認できます。

Toby: This is small potatoes. I want to know, when the big potatoes come, are we up for it?

（これは大したことじゃない。知りたいのは、大事が起こったときに、僕たちはそれに耐えられるのかってことなんだ）

CJ: Big potatoes? Toby, we ran for election. We lived through Leo and booze, Sam and prostitutes, India and Pakistan, Columbia and a failed rescue mission. Are there bigger potatoes someplace?

（大事ですって？　トビー、私たちは選挙に出たの。レオやサムの不祥事、インドとパキスタンの対立、スペースシャトル・コロンビアと失敗した救出作戦を乗り越えてきた。これ以上の大事がどこかにあるの？）

なお、上のセリフを機械翻訳ソフト DeepL（https://www.deepl.com/translator）に貼り付けると、small potatoes は「小さなポテト」、big potatoes は「大きなポテト」、bigger potatoes は「もっと大きなポテト」と直訳されてしまいました。AI の進歩に伴い、機械翻訳もめざましく発達していますが、イディオムの和訳は一筋縄ではいかないようです。

194

2. rain check

　GloWbE にアクセスしてから、Search ⇒ Chart をクリックします。そして、rain [check] と入力し、See frequency by section ボタンをクリックしましょう（check を [ ] で囲んで [check] とすることで、単数形の check と複数形の checks を同時に検索できます）。

　検索結果から、米国（US）での使用頻度が高い一方で、英国（GB）での頻度は低く、「米」「主に米」などの辞書の説明と一致していることがわかります。

3. ballpark figure / estimate / amount

　GloWbE にアクセスしてから、Search ⇒ Chart をクリックします。そして、ballpark figure|estimate|amount と入力し、See frequency by section ボタンをクリックします。figure|estimate|amount のように | （縦線、パイプ）で区切ることで、ballpark figure, ballpark estimate, ballpark amount の３つの表現を同時に検索できます（「OR検索」または「パイプ検索」と呼ばれます）。

　検索結果から、米国（US）・カナダ（CA）での使用頻度が高いものの、英国（GB）など他の地域でもある程度使用されていることがわかります。ballpark figure / estimate / amount は野球に由来する表現ですが、野球があまり盛んでない地域でもそれなりに使用されているようです。近年では、テレビ・映画やインターネットを通じてアメリカ英語に触れる機会が多いため、この表現が様々な地域に広まっているのでしょうか。

　なお、「ジーニアス英和辞典」の第５版では ballpark figure / estimate / amount の項には「米略式」とありましたが、第６版では「米」が消え、「略式」のみに表記が変更されています。米国以外でもこれらの表現が使われていることを反映しているのかもしれません。

195

4. cool bananas

GloWbE にアクセスしてから、Search ⇒ Chart をクリックします。そして、cool bananas と入力し、See frequency by section ボタンをクリックしましょう。すると、ニュージーランド（NZ）での頻度が突出して高いことがわかります。

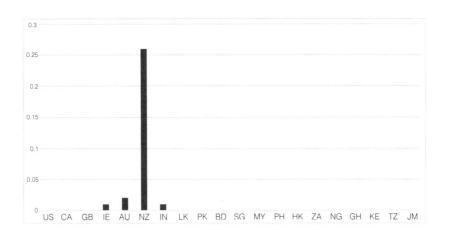

念のため、どのような文脈でこの表現が使用されているかを確認しましょう。NZ という見出しの下にあるグラフをクリックすると、cool bananas の用例が表示されます。

ニュージーランドでは cool bananas の用例が 21 件見つかりますが、そのうちの 20 件は、Werewolf というウェブサイト（http://werewolf.co.nz/）に掲載された、When Teaching Becomes Preaching という特定の記事からであることがわかります。1 つの記事でこの表現がたまたま 20 回も使われているため、使用頻度が釣り上げられてしまったようです。

また、このブログ記事では、Cool Bananas と大文字で表記されていることから、固有名詞であり、「万事 OK である、申し分ない」という意味のスラングとしては使用されていないことがわかります。そのため、この検索結果のみから、「ニュージーランドでは cool bananas というスラン

グがよく使用される」と結論づけるのは難しそうです。

　この例からもわかるとおり、コーパスの検索結果を解釈する際には、ヒット件数を鵜呑みにするのではなく、どのような文脈で使用されているか、用例を精査することも重要です。

　なお、「リーダーズ英和辞典第3版」や「ランダムハウス英和大辞典第2版」では、Cool bananas! および Cool beans! を、「それはすごい」という意味の「米俗語」として紹介しています。

14 定型表現の音声的特徴—音を繰り返してキャッチャーに—

　定型表現の中には、同じ音が繰り返されているものが多くあります。具体的には、以下の4つのパターンが挙げられます。

▌頭韻—語の頭に韻をふむ—

　一つ目のパターンは、頭韻（alliteration）です。頭韻とは、同じ音で始まる単語を繰り返し使用することです。例えば、first and foremost（真っ先に、いの一番に）であれば / f /、beat around the bush（遠回しに言う）であれば / b /、make a mess（台なしにする、汚す）であれば / m /、last but not least（最後だけれど重要な）であれば / l / で始まる単語が繰り返されています。

　頭韻を含む定型表現の例を以下に示します。

	例
比喩的イディオム (figurative idioms)	burst someone's bubble（〜の幻想を打ち壊す）、have bigger fish to fry（他に大切な用事がある）、set the scene（これまでの経過説明をする、状況を整える）、pull the plug（〜を突然中止する、生命維持装置をはずす）、rob Peter to pay Paul（ポールに支払うためにピーターから盗む→無理なやりくりをする、借金して借金を返す）
コロケーション (collocations)	close call（危うく逃れること、危機一髪）、do dishes（皿を洗う）、pay a [the] price（代償［犠牲］を払う）、play politics（策を弄する）、miss the mark（的を外す、失敗する）、take a toll（悪影響［被害］をもたらす）、tall tale（ほら話、大ぶろしき）

198

二項表現 (binomials)	done and dusted（完成して、準備完了して）、safe and sound（無事に）、sink or swim（いちかばちか、のるか反るかだ）、trick or treat（お菓子をくれないといたずらするぞ）
複合語 (compounds)	copycat（まねる人、模倣の、まねる）、far-fetched（信じがたい、こじつけの）[1]、flip-flop（サンダル、転換、意見・方針を転換する）、founding father（創設者、創始者）、fossil fuel（化石燃料）、long-lasting（長続き［長持ち］する）、man-made（人造の、人工の）、tiptoe（つま先、つま先でそっと歩く）、West Wing（ホワイトハウスの西棟；米国大統領の執務室などがある）
ことわざ (proverbs)	Better safe than sorry.（後で後悔するよりは、時間がかかっても慎重にした方が良い→転ばぬ先の杖）、Old habits die hard.（古い習慣はなかなか抜けない）、Practice makes perfect.（習うより慣れよ）、Where there's a will, there's a way.（決意があれば道は開ける、精神一到何事か成らざらん）
直喩表現 (similes)	bold as brass（非常にずうずうしい）、cool as a cucumber（涼しい、落ち着き払った）、dead as a doornail（完全に死んでいる）、dull as dishwater（全くつまらない）、good as gold（非常によい、申し分のない）、pleased as punch（大満足で）、thick as thieves（とても親密で、大の仲よしで）

----

1 ポケモンの「カモネギ」は文字通りネギを背負った鴨のキャラクターですが、英語ではFarfetch'd と言います。「鴨がネギを背負って来るような都合が良いことはありえない（＝far-fetched)」という連想から、この名前になったのでしょう。

■ 14. 定型表現の音声的特徴─音を繰り返してキャッチャーに─

その他	a sight for sore eyes（見るもうれしいもの、珍客）、bounce back（立ち直る）、damsel in distress（悩める乙女）、find fault with ...（〜の欠点［あら］を探す、〜にけちをつける）、give it a go（やってみる）、hold one's head high（胸を張っている、くじけない）、larger than life（実際より大きい［く］、並を超えていて目立つ）、through thick and thin（困難なときでも、終始一貫して）、too close for comfort（接近しすぎて不安な）

　テレビ番組や映画のタイトル、キャラクター名でも、頭韻がよくみられます。具体例を以下に示します。

◉テレビ番組や映画のタイトル

	邦題
Breaking Bad	ブレイキング・バッド
Sex and the City	セックス・アンド・ザ・シティ
Fast & Furious	ワイルド・スピード
Sesame Street	セサミストリート
Guardians of the Galaxy	ガーディアンズ・オブ・ギャラクシー
PAW Patrol	パウパトロール

◉キャラクター名

	和名
Mickey Mouse	ミッキー・マウス
Donald Duck	ドナルド・ダック
Pink Panther	ピンク・パンサー

Roger Rabbit	ロジャー・ラビット
Bugs Bunny	バッグズ・バニー
Daffy Duck	ダフィー・ダック
Woody Woodpecker	ウッディー・ウッドペッカー
Betty Boop	ベティ・ブープ
SpongeBob SquarePants	スポンジ・ボブ
Bilbo Baggins	ビルボ・バギンズ（The Lord of the Rings より）
Peter Parker	ピーター・パーカー（Spider-Man より）
Peppa Pig	ペッパ・ピッグ
Wonder Woman	ワンダー・ウーマン
Willy Wonka	ウィリー・ウォンカ

▌脚韻—語の終わりを同じ音でそろえる—

　二つ目のパターンは、脚韻（rhyme）、すなわち同じ音で終わる単語を繰り返すことです。例えば、When the cat's away, the mice will play.（猫がいないときにねずみが暴れる⇒鬼の居ぬ間に洗濯）では away と play が脚韻を踏んでいます。Haste makes waste.（せいては事をし損ずる）、fair and square（公明正大な、正しい）、make or break（〈～の〉運命を左右する、成否を決める）などの短い定型表現でも、脚韻が使われています。

　他にも次のような表現があります。

定型表現	意味
meals on wheels	食事宅配サービス

■ 14. 定型表現の音声的特徴―音を繰り返してキャッチャーに―

high and dry	船が岸に乗り上げて、見捨てられて、おいてきぼりにされて
the name of the game	肝心な事［物］、（物事の）決め手
steer clear of	〜を避ける
fat cat	大金持ち、高給取り、大物、お偉方
fun run	ファンラン（楽しむことや募金を目的としたマラソン大会）
drunk as a skunk	ぐでんぐでんに酔っ払って

注） 以下を元に作成。

　Boers, F., & Lindstromberg, S. (2009). *Optimizing a lexical approach to instructed second language acquisition.* Palgrave Macmillan.

▍母音の繰り返し

　三つ目のパターンは、同じ母音が繰り返されるものです。例えば、small talk（世間話、雑談）では a /ɔː/、It is high time（もう〜する時間だ）では i /aɪ/、spoilt for choice（選択肢が多くて選びにくい）では oi /ɔɪ/ の部分で、同じ母音が繰り返されています。

　他にも次のような表現があります。

定型表現	意味
once in a blue moon	ごくまれに
last-gasp	最後になされる、土壇場に行なわれる
plain sailing	順風満帆
take a good look	よく見る
in actual fact	実際は、事実上は、本当に

have all the hallmarks of	～の特徴をすべて有している、～の典型である
jump the gun	フライングする、先走る（陸上競技で、スタートの合図に使われるピストルが鳴る前に走り始めることが由来とされる）
slow motion	スローモーション
face saving	顔［メンツ］を立てる
dummy run	予行演習、リハーサル
high as a kite	ひどく興奮して、（酒やドラッグで）とてもハイになって

注）以下を元に作成。
  Boers, F., & Lindstromberg, S. (2009). *Optimizing a lexical approach to instructed second language acquisition*. Palgrave Macmillan.

▌単語の繰り返し

　最後のパターンは、単語を繰り返すことで、結果的に同じ音を繰り返すものです。例えば、<u>face</u> to <u>face</u>（面と向かって）、<u>little</u> by <u>little</u>（少しずつ、だんだん）、<u>neck</u> and <u>neck</u>（肩を並べて、互角に）では、それぞれ face, little, neck が繰り返されています。他にも次のような表現があります。

定型表現	意味
So far, **so** good.	これまでのところは順調だ（が先行きはわからない）
Out of sight, (and) **out of** mind.	目にしないので［なくなれば］忘れてしまう、去る者は日々に疎し
hand in **hand**	手に手をとって、協力して

■ 14. 定型表現の音声的特徴—音を繰り返してキャッチャーに—

see **eye** to **eye**	意見が一致する
door to **door**	1軒ごとに、出発地点から到着地点まで
day by **day**	日に日に
by and **by**	やがて、まもなく
on and **on**	どんどん、しきりに
play-by-**play**	実況放送（の）
side by **side**	並んで、協力し合って、共存して
step by **step**	一歩一歩、段階的に、着実に
from **time** to **time**	時折、時々
time after **time**	何度も、繰り返し
fair's **fair**	（お互いに）公平にやろう
talk the **talk**	言うべきことを言う
walk the **walk**	すべき事をきちんとする［実行する］
talk the **talk** and **walk** the **walk**	言ったことをきちんと実行する、有言実行する
Garbage in, **garbage** out.	くだらないデータを入れればくだらない結果が出るだけだ
put **two** and **two** together (and get four)	事実からはっきりした結論を出す、あれこれ考え合わせて正しい結果を出す ＊ put two and two together and get five だと「誤った推測をする」という意味。
be in the **right** place at the **right** time	ちょうど運よくその場に居合わせる ＊ be in the wrong place at the wrong time だと「ちょうど運悪くその場に居合わせる」という意味。
Different strokes for **different** folks.	人それぞれ、十人十色

Where **there's** smoke, **there's** fire.	火のないところに煙は立たぬ
You **scratch** my back, (and) I'll **scratch** yours.	私の背中をかいてくれれば、あなたの背中をかいてあげよう→持ちつ持たれつ
No **news** is good **news**.	便りのないのは良い便り ＊前置きとして、You know what they say.（よく言うじゃないか）などをつけることが多い。
Too little **too** late.	あまりに少なく、あまりに遅い

▌広く見られる音の繰り返し

　英語の定型表現では、上のような音の繰り返しはどのくらい一般的なのでしょうか？　正確な数字を把握するのは困難ですが、*The Collins COBUILD Dictionary of Idioms*（第2版）に掲載されている英語の定型表現を分析したところ、約18%で頭韻が見られたと報告されています。脚韻に関してはそれよりも少なく、約2%ほどだったと言います[2]。

　また、定型表現の種類により結果が変わる傾向もあるようです。例えば、*Macmillan English Dictionary* に収録された5,667の定型表現を分析したところ、約20%の表現で頭韻・脚韻などの音の繰り返しが見られたと言います。二項表現に絞ると32%、直喩表現では54%と特に高かったと報告されています[3]。as を含む直喩表現（例：as good as gold）では約35%で頭韻などの音の繰り返しが見られたという報告もあります[4]。

2　Boers, F., & Lindstromberg, S. (2009). *Optimizing a lexical approach to instructed second language acquisition.* Palgrave Macmillan.

3　Boers, F. (2013). Cognitive Linguistic approaches to teaching vocabulary: Assessment and integration. *Language Teaching, 46*, 208–224.

4　Eyckmans, J., & Lindstromberg, S. (2017). The power of sound in L2 idiom learning. *Language Teaching Research, 21*, 341–361.

■ 14. 定型表現の音声的特徴—音を繰り返してキャッチャーに—

■ なぜ音を繰り返すのか

　定型表現では、なぜ同じ音の繰り返しが多いのでしょうか？ 理由として、音を繰り返すことで、言いやすく、さらに覚えやすくなるからと考えられています。例えば、It takes two to tango. は「タンゴを踊るには2人必要だ」が文字通りの意味ですが、「一方だけに責任があるのではない、けんか両成敗」という意味のことわざです。別にタンゴである必要はなく、It takes two to waltz. や It takes two to jive. でも良いはずです。しかし、頭韻を含む It takes two to tango. は言いやすく、さらに覚えやすいという利点があります。そのため、It takes two to tango. が定型表現として定着したのでしょう[5]。

　すでに述べた通り、テレビ番組や映画のタイトル、キャラクター名では、同じ音の繰り返しがよくみられます。少しでも覚えやすくして、消費者に親しんでもらおうという工夫なのでしょう。英語の広告スローガンを分析したところ、30%では頭韻が、8%では脚韻が使われていたという報告もあります[6]。

　英語学習者を対象にした研究では、頭韻を踏んでいる定型表現に印をつけさせるなどして、音の繰り返しに注意喚起することで、習得が促進されることが示されています[7]。新しい定型表現に出会ったら、同じ音が繰り返されているかどうか、まず確認してみましょう。身の回りに、実は多くの頭韻や脚韻があることに気づくはずです。

5　Boers, F., & Lindstromberg, S. (2009). *Optimizing a lexical approach to instructed second language acquisition.* Palgrave Macmillan.

6　Boers, F., & Lindstromberg, S. (2009). *Optimizing a lexical approach to instructed second language acquisition.* Palgrave Macmillan.

7　Eyckmans, J., Boers, F., & Lindstromberg, S. (2016). The impact of imposing processing strategies on L2 learners' deliberate study of lexical phrases. *System, 56*, 127–139.

15 カタカナ英語を活用して定型表現を学ぶ

　「クラスターは『集団感染』のことだから、cluster は『群れ、集団』の
こと」というように、カタカナ英語をきっかけに覚えられる英単語は多く
あります。定型表現も同様です。カタカナ英語から学習できる定型表現の
例を以下に示します。

	例
二項表現 (binomials)	copy and paste（コピーアンドペースト [する]）、give and take（ギブアンドテイク、もちつもたれつ）、hit and run（ヒットエンドラン、ひき逃げ）
複合語 (compounds)	air bag（エアバッグ）、fast food（ファーストフード）、flea market（フリーマーケット、のみの市）、headhunting（ヘッドハンティング）、safety net（安全ネット、救済策）、seat belt（シートベルト）、press release（プレスリリース、声明文）、table manners（テーブルマナー）、teamwork（チームワーク、協同作業）、tryout（予行、テスト、入団テスト）、window-shopping（ウインドーショッピング）、yes-man（イエスマン）
句動詞 (phrasal verbs)	back up（バックアップを取る、後退する、〜を後援する）、check in（[ホテルで] チェックインする）、check out（[ホテルで] チェックアウトする、支払いを済ませて出る）、kick off（〜を始める、キックオフする）

▮ 和製英語にご用心

　カタカナ語を使用した学習法には、注意点もあります。第1に、カタカ
ナ語の中には、英単語と発音がかけ離れているものがあります。例えば、

207

human, computer, approach などの単語はカタカナ読みでも通じる一方、woman, through, film などの単語は日本語式の発音では理解しづらいことが研究で示唆されています[1]。

　第2に、英語の定型表現のように見えて、実は通じない表現（いわゆる和製英語）も多くあります。例えば、「キッチンカー」「キャンペーンセール」「シュークリーム」はいずれも和製英語で、正しくは、それぞれ food truck, sales campaign, cream puff です（日本語の「シュークリーム」はフランス語の chou à la creme が由来と言われています）。

　なお、cream puff は「シュークリーム」以外にも、「意気地のない男、弱虫、男性の同性愛者」という意味のスラングとして使われることもあります。シチュエーションコメディの Modern Family では、養子の赤ちゃんを連れた男性の同性愛者カップルが飛行機内で、Look at that baby with those cream puffs.（シーズン1エピソード1）と言われ、カップルの一人が激怒する場面があります。「あのゲイカップル（cream puffs）と一緒にいる赤ちゃんを見て」と言われているのだと思い、以下のように声を荒げます。

But, this baby would have grown up in a crowded orphanage if it wasn't for us "cream puffs." And you know what? Note to all of you who judge ... Hear this. Love knows no race, creed, or gender. And shame on you, you small-minded, ignorant few ...
（でも、僕たち cream puffs がいなければ、この子は窮屈な孤児院で育っていたんだ。いいか、心の狭い君たちに言っておく。聞いてくれ。愛には人種も信条も性別も関係ない。恥を知れ、この不寛容で無知な……）

1　Yamada, H., Maswana, S., & Yanagisawa, K. (2022). How well can native English speakers understand the Japanese pronunciation of English-based loanwords? The potential use of katakana in the English classroom. *HELES Journal, 21*, 3–18.

上のような大演説をかました後に自分の赤ちゃんを見たところ、その赤ちゃんが文字通りシュークリーム（cream puffs）を持っており、cream puffs という表現に何の悪意もこめられていなかったことに気づくというオチです。

　話を和製英語に戻しましょう。注意すべき和製英語には次のようなものがあります。

和製英語	適切な英語表現
アイスキャンディー	《米》popsicle、《英》(ice) lolly
アフターサービス	customer service / after-sales service
オープンカー	convertible
ジェットコースター	roller coaster
シャープペンシル	mechanical pencil
テーブルセンター（テーブルの中央に敷く装飾のための布類）	cloth for a centerpiece
ノースリーブ	sleeveless (dresses)
フリーサイズ	one-size-fits-all
（携帯電話の）マナーモード	silent mode
スキンシップ	physical [body] contact
バックミラー	rearview mirror
フリーライター	freelance writer
ゴールデンアワー	prime time

注） 以下などを元に作成。
　　柴崎秀子・玉岡賀津雄・高取由紀. (2007). アメリカ人は和製英語をどのぐらい理解できるか－英語母語話者の和製英語の知識と意味推測に関する調査.『日本語科学』21, 89–110.

いずれも英語の定型表現のように見えますが、実際には意味が通じないことが多いので、要注意です。

　一方で、日本語になじみがある英語母語話者は、私たちが和製英語を使用したとしても、その意味を正しく推測できることを示した研究もあります[2]。したがって、日本在住の英語話者とやりとりする際には、和製英語について過度に心配する必要はないかもしれません。日本に長期間滞在していると、和製英語を繰り返し耳にするため、いつの間にかそれらが正しい英語だと勘違いしてしまう英語母語話者すらいると言います[3]。

　また、元々和製英語だったものが英語に逆輸入され、英語表現として定着することもあります。例えば、「ボディコン」は「曲線美を強調する服」のことですが、body conscious から生まれた和製英語であり、正しい英語ではないと指摘されることがあります。しかし、近年では、*Collins English Dictionary*（13th Edition 2018）など、body-con を掲載している辞書もあります。同様に、costume play から生まれた和製英語の「コスプレ」は、*Oxford English Dictionary* をはじめとする多くの辞書に cosplay として掲載されています。

　和製英語を使ってしまい、通じなかったらどうしよう」と心配するのではなく、時には「日本生まれの英語表現を世界に広めてあげよう」くらいの強気でも良いでしょう。

▌おすすめの教材

　カタカナ語をきっかけに英語の定型表現を学習する上では、以下のような書籍が役立ちます。

2　柴崎秀子・玉岡賀津雄・高取由紀. (2007). アメリカ人は和製英語をどのぐらい理解できるか – 英語母語話者の和製英語の知識と意味推測に関する調査.『日本語科学』21, 89–110.

3　山根キャサリン. (2019).『Native Speaker にちょっと気になる日本人の英語』ひつじ書房.

- 『和製英語事典』（丸善出版）
- 『Native Speaker にちょっと気になる日本人の英語』（ひつじ書房）
- 『和製英語の徹底チェック』（三省堂）

『和製英語事典』では、カタカナ英語をそのまま使った場合、英語話者に通じるかどうかが「○」「△」「×」の３段階で示されていて有益です。

｜コラム｜ 「〜とは言わない」と教えることは効果的か？

　本書では、これまでに「英語ではふつう○○とは言わない」ということを何度か指摘してきました。具体例を以下に示します。

- コロケーション（3 章）：日本語では「犠牲を払う」と言うが、英語では pay a sacrifice ではなく、make a sacrifice である。
- 二項表現(5 章)：日本語では「損益」「貧富」「前後に」だが、英語では ?loss and profit（損益）、?poor and rich（貧富）、?forth and back（前後に）ではなく、profit and loss（益損）、rich and poor（富貧）、back and forth（後前に）である。
- 和製英語（15 章）：日本語では「キッチンカー」「キャンペーンセール」「シュークリーム」と言うが、英語ではそれぞれ food truck, sales campaign, cream puff である。

　英語の定型表現に関する講演をした際の話です。参加者の方から、「『〜とは言わない』と指摘することで、誤った表現に学習者の注意を向けることになるので、間違った表現が定着する恐れがあり、逆効果ではないか」という質問をいただきました。

211

かくいう私も、ある週刊英字新聞の連載で supply and demand と書くべきところを、demand and supply と書いたまま原稿を提出してしまったことがあります。普段から「日本語では『需要と供給』だが、英語では ?demand and supply（需要と供給）ではなく、supply and demand（供給と需要）である」と口を酸っぱくして言っていることの影響でしょう。幸い校正作業中に気づいて修正することができ、大事には至りませんでしたが、誤った表現を提示することのリスクを痛感した瞬間でした（「誤字脱字を見つける最も良い方法は、原稿を提出することだ」と言われることがありますが、ファイルを送信した後に限って次々と誤字脱字に気づいてしまうのはなぜなのでしょうか……）。

■ 定型表現習得における肯定証拠と否定証拠の役割

「『〜とは言わない』と教えることは効果的か？」という問題は、専門的に言うと、定型表現習得における「肯定証拠」（positive evidence）と「否定証拠」（negative evidence）の役割に関する問題と言い換えられます。

「肯定証拠」とは、「日本語の『需要と供給』に対応する英語表現は supply and demand である」というように、ある表現が適切であるという情報を指します。多読や多聴を行い、肯定証拠に接することで、「supply and demand はよく聞くけど、?demand and supply はあまり聞いたことがないな」といった直感が養われ、定型表現を自然に習得できるでしょう。

一方で、「否定証拠」とは、「英語では ?demand and supply（需要と供給）とはふつう言わない」のように、ある表現が適切ではないという情報のことです。

母語の習得においては肯定証拠が大きな役割を果たし、否定証拠は重要ではないと考えられています。一方で、外国語の語彙習得に関しては、母語と対比しながら否定証拠を提示することは有効であるという研究も

あります[4]。

　否定証拠を提示することで、誤った表現が定着する恐れがあるというのは事実でしょう（supply and demand と書くべきところを、demand and supply と筆者が書いてしまったように）。しかし、物事には何でもプラスとマイナスがあります。ですから、「否定証拠を提示することで、誤った表現が定着する恐れがある」からといって、否定証拠を全面的に禁止すべきと考えるのは早計でしょう。

　否定証拠を提示することで学習が促進された表現（＝プラス）と、提示することで学習が阻害された表現（＝マイナス）の数を比較して、後者が前者を上回るのであれば、否定証拠を提示するのはやめたほうが良いでしょう。一方で、否定証拠を提示することでマイナスがあるものの、それを上回るプラスがもたらされるのであれば、否定証拠を提示することには意味があるでしょう。

　否定証拠に接することで、学習が阻害される可能性があるのは事実です。しかし、そのデメリットはメリットを相殺するほど大きくはないというのが、現時点での暫定的な結論のように思われます。

4　Laufer, B., & Girsai, N. (2008). Form-focused instruction in second language vocabulary learning: A case for contrastive analysis and translation. *Applied Linguistics, 29*, 694–716.

おわりに Last but not least

　本書は週刊英字新聞「朝日ウイークリー」（朝日新聞社）の連載「英語定型表現の豊かな世界」（2023年4月～2024年3月、全26回）に大幅に加筆の上、再編集したものです。「朝日ウイークリー」の熱心な読者である、研究社の金子靖氏にお声がけいただいたことがきっかけで、本書は生まれました。本書が誕生するきっかけを作り、編集の労をおとりくださった金子氏に感謝申し上げます。

　また、「朝日ウイークリー」連載時に編集を担当され、書籍化をご快諾くださった朝日新聞社の和田明郎氏にもお礼申し上げます。和田氏からは2009年にも同紙への連載執筆依頼をいただいていましたが、その際は筆者がニュージーランドへの留学を控えていたこともあり、ご依頼に応えることができませんでした。15年の時を経てこのような形で企画を実現することができ、感謝申し上げます。

　さらに、第二言語語彙習得をご専門とされる David Coulson 先生（立命館大学）、James Rogers 先生（名城大学）、Louis Lafleur 先生（関西学院大学）、山形悟史先生（岡山大学）には、本書の草稿に関して専門的な見地から貴重なご指摘をいただきました。James Rogers 先生には、和製英語の具体例もご提供いただきました。お礼申し上げます。

　また、立教大学大学院異文化コミュニケーション研究科博士課程の相澤彩子さん、および同修士課程の相馬紗也音さんには、本書の草稿に関して貴重なご意見を頂きました。また、立教大学異文化コミュニケーション学部で私の専門演習（ゼミ）を履修していた皆さんからも、貴重なコメントを頂きました。

　筆者が大学院生の頃、ある先生が「指導している学生から色々なことを教えてもらっている」という趣旨のことをおっしゃっていました。当時は「どうせ社交辞令に違いない」と思っていたのですが、自分が教員になっ

てから、それが決して誇張ではなかったのだろうと日々感じています。

　もし、本書を読んで英語定型表現や語彙習得について研究したいという方がいらっしゃいましたら、立教大学大学院異文化コミュニケーション研究科の門をぜひ叩いていただければと思います（修士課程・博士課程ともに学生を募集中です）。

　さらに、普段から筆者を支えるだけでなく、英語定型表現に関する様々な質問に答えてくれた妻のバージ・ダーシーに感謝します。

　最後に、映画から生まれた二つの modern idioms で本書を締めくくります。May the Force be with you! そして、I'll be back!?[1]

2024 年 11 月 4 日

中田達也

1　May the Force be with you! は映画スターウォーズより。「フォースと共にあらんことを」という意味の別れの言葉。なお、May the Force と発音が似ている May the 4th（5月4日）は Star Wars Day（スター・ウォーズの日）である。
I'll be back. は映画 The Terminator（ターミネーター）より。

■著者紹介■

中田達也（なかた　たつや）

立教大学異文化コミュニケーション学部および同大学院・教授。東京大学大学院で修士号を取得した後、Victoria University of Wellington で博士号（応用言語学）を取得。関西大学外国語学部准教授および法政大学文学部英文学科准教授などを経て現職。

専門分野は第二言語語彙習得で、効果的な英語学習法について研究している。米国スタンフォード大学とエルゼビア社が発表した World's Top 2% Scientists（世界で最も影響力のある研究者トップ2%）に選出された。

著作に『英単語学習の科学』（単著、研究社）、『英語学習の科学』（共編著、研究社）、『英語は決まり文句が8割　今日から役立つ「定型表現」学習法』（単著、講談社）、『最新の第二言語習得研究に基づく　究極の英語学習法』（単著、KADOKAWA）などがある。あだ名は「なかたンゴ」。

■編集協力
田籠由美

■組版・レイアウト
古正佳緒里・山本太平

■社内協力
三谷裕

英語定型表現の科学

● 2024 年 11 月 29 日　初版発行 ●

● 著者 ●
中田達也

Copyright © 2024 by Tatsuya Nakata

発行者　●　吉田尚志
発行所　●　株式会社　研究社
〒 102-8152　東京都千代田区富士見 2-11-3
電話　営業 03-3288-7777（代）　編集 03-3288-7711（代）
振替　00150-9-26710
https://www.kenkyusha.co.jp/

KENKYUSHA

装丁　●　久保和正
組版・レイアウト　●　渾天堂
印刷所　●　TOPPAN クロレ株式会社
ISBN 978-4-327-45320-6 C3082　Printed in Japan

本書の無断複写複製（コピー）は、著作権法上での例外を除き、禁じられています。
また、私的使用以外のいかなる電子的複製（電子データ化、電子書籍化）も一切認められていません。
落丁本、乱丁本はお取替えいたします。ただし、中古品はお取替えできません。

研究社の出版案内 📖

効果的な英単語学習法を徹底解説！

英単語学習の科学

中田達也 著

「単語帳で暗記しても実用英語には活用できない」「単語集ではなく文脈で覚えることこそ正しい」「忘れる前に復習しないと覚えられない」「選択問題をやっても語彙学習には役に立たない」などなど、**ちまたにはびこる間違った「常識」をばっさり斬って、本当に効果的な英単語学習法・教授法をとことん解説**。最新の第二言語習得研究の成果を紹介しながら、本当に役立つ英単語の覚え方を考察。**多くの英語学習者・英語教師が待ち望んでいた英単語学習法のエッセンス集。**

● A5 判 並製 154 頁／ISBN978-4-327-45289-6